Peter Gehlmann
hätte nie gedacht, dass er einmal Autor werden würde – aber dann brachte ihn die Leidenschaft fürs Kochen und Experimentieren letztendlich doch dazu, seine Rezepte aufzuschreiben. Dass man mit dem Thermomix nicht nur kochen kann, merkte er schnell, und so entstanden neben zahlreichen Gerichten auch wunderbare Beauty- und Pflegeprodukte, tolle Helfer für den Haushalt und – für ihn als Vater besonders wichtig – Wundermittelchen für die Hausapotheke.
Peter Gehlmann lebt mit seiner Familie in einem beschaulichen Ort in der Nähe von Nienburg an der Weser.

BEAUTY AUS DEM THERMOMIX

Natur-kosmetik

PETER GEHLMANN

Zeit für mich

Wir geben Ihnen nicht nur tolle Rezepte an die Hand, sondern schenken Ihnen auch noch Zeit für sich! Das Herz-Icon zeigt Ihnen an, wie lange Sie die Beine hochlegen oder ein Tässchen Kaffee genießen können, während der Thermomix für Sie arbeitet.

THERMOMIX QUEEN

Werden Sie die Queen in Ihrer Beautyküche – die Krönchen bei den Rezepten zeigen Ihnen den Schwierigkeitsgrad an: von ganz unkompliziert ♛ bis etwas anspruchsvoller ♛♛♛

Die Rezepte in diesem Buch wurden mit dem TM 5 entwickelt – sie funktionieren aber mit den gleichen Mengenangaben auch im TM 31!

Natürlich schön mit dem Thermomix

Die Rezepte

Eine kleine Einleitung

Naturkosmetik mit dem Thermomix? Vielleicht wundern Sie sich ein bisschen über diese auf den ersten Blick etwas ungewöhnliche Kombination, nachdem der Thermomix bisher eher als genialer Küchenassistent begeistert hat. Mittlerweile entwickle ich schon seit einiger Zeit Pflegerezepte für den Thermomix und ich kann Ihnen versichern: Naturkosmetik und der Thermomix sind ein perfektes Team! Nichts ist einfacher, als mit unserem Lieblingsküchengerät – egal, ob TM 5 oder TM 31 – auch noch etwas für Haut und Haare zu zaubern. Do-it-Yourself-Pflege lässt sich damit nicht nur schneller und sauberer herstellen, durch den Thermomix haben Sie vor allem auch die Möglichkeit, die Inhaltsstoffe auf den Punkt genau zu erhitzen. Und Sie können die enorme Mixkraft nutzen, mit deren Hilfe aus natürlichen Rohstoffen hochwertige Kosmetika gezaubert werden. Die Palette an Pflegeprodukten habe ich im Laufe der Zeit erweitert. Neben Naturkosmetika für Ihren eigenen Bedarf finden Sie im Rezeptteil auch viele Babypflegeprodukte und eine kleine »Hausapotheke«: Mittel zur »inneren Pflege«, die Ihnen bei vielen Beschwerden Linderung verschaffen.

Nun möchten Sie sicher auch wissen, wie ich als Mann zur Naturkosmetik kam: Als überzeugter Thermomix-Fan hatte ich eher aus Neugier ein Peelingrezept »gebastelt«, das meiner Frau sehr gut gefiel und auch bei ihren Freundinnen auf Begeisterung stieß. Das inspirierte mich, mit zunächst nur wenigen Zutaten weitere Naturkosmetik-Rezepte für den Thermomix zu entwickeln, die für Frauen, aber auch für Männer geeignet sind. Denn ich finde, es ist nicht nur wichtig, was wir täglich essen, sondern auch, was wir uns über die Haut zuführen. Daher rühre ich Hautpflegeprodukte nur noch selbst an – aus natürlichen Zutaten, ganz ohne chemische Zusätze. Meine Rezepte sind alle ganz einfach nachzumachen. Probieren Sie's aus! Denn was gibt es Schöneres, als sich täglich mit selbst gemachter Creme oder den Partner mit duftender Massagebutter zu verwöhnen?

In diesem Sinne wünsche ich Ihnen viel Spaß beim Zubereiten und Ausprobieren der Rezepte!

Ihr
Peter Gehlmann

Natürlich schön mit dem Thermomix

DIY-Pflege zum Verwöhnen

SIE MÖCHTEN GERNE KOSMETIK, DER SIE VERTRAUEN KÖNNEN, AUS HOCHWERTIGEN ROHSTOFFEN, NATURBELASSEN UND OHNE ZUSÄTZE? DANN MACHEN SIE SICH DIE PFLEGEPRODUKTE EINFACH SELBST – MIT DEM THERMOMIX!

Schönheitspflege – das ist für die meisten von uns heute mehr als nur das Auftragen teurer Cremes und Kosmetika aus der Drogerie. Dazu gehören vor allem auch Momente, in denen wir entspannen und die Alltagshektik vergessen. Kleine Auszeiten, in denen wir uns Gutes tun, uns verwöhnen, mit Pflegeprodukten, deren Inhaltsstoffe wir kennen und die möglichst natürlich sind.

NATUR PUR – SELBST GEMIXT

Was also liegt näher, als diese Kosmetikprodukte selbst herzustellen? Denn bei Do-it-yourself-Pflege entscheiden wir selbst, was wir unserer Haut zuführen: reine, natürliche Rohstoffe, deren Herkunft uns bekannt ist, Kosmetik, die ganz ohne Konservierungsstoffe, Mineralöle und chemische Substanzen auskommt und auf die pflegenden Wirkstoffe der Natur vertraut. Mit nur wenigen Zutaten können Sie Cremes, Masken und Badezusätze herstellen, die Ihre Haut geschmeidig machen und zum Strahlen bringen, während Sie entspannen.

Babypflege – für die Kleinsten nur das Beste

Mit selbst gemachten, natürlichen Pflegeprodukten können Sie sich selbst, aber auch die ganze Familie verwöhnen. Vor allem bei den Kleinsten ist es wichtig, dass die zarte Babyhaut nur mit qualitativ hochwertigen Ölen ohne künstliche Zusätze in Berührung kommt, die keine Reizungen verursachen. Wenn Sie die Öle und Salben für Ihr Baby mit Zutaten aus biologischem Anbau anrühren, sind Sie in jedem Fall auf der sicheren Seite. Im Rezeptteil finden Sie eine Auswahl an milden Babypflegeprodukten, die Ihrem Baby gut tun – ob Sie es mit einem pflegenden Öl sanft massieren oder ihm bei einer Erkältung mit einer Kräutersalbe Linderung verschaffen.

Hausmittel helfen auf natürliche Weise

Natürlich können wir die Wirkstoffe von Pflanzen auch zur

inneren Anwendung nutzen. Seit Urzeiten vertrauen die Menschen auf die Heilkräfte der Natur. Und vielleicht kennen Sie selbst noch das ein oder andere Hausmittel aus der Kindheit, das Ihnen, wenn Sie krank im Bett lagen, Linderung verschafft hat. Selbst gemachte Hausmittel können bei der Genesung helfen und Beschwerden lindern, so dass in vielen Fällen, etwa bei Erkältungen, auf Medikamente verzichtet werden kann – auch wenn sie natürlich bei ernsthaften Erkrankungen den Gang zum Hausarzt nicht ersetzen können. Probieren Sie die Rezepte für die verschiedenen Säfte, Salben und Tinkturen aus, sie sind wirklich ganz einfach umzusetzen und, wie Sie sehen werden, wunderbar wohltuend!

THERMOMIX FÜR KÜCHE UND BAD – PASST DAS?

Und damit das Selberrühren und Erwärmen der Zutaten nicht zu lange dauert, holen Sie sich einfach Hilfe von Ihrem bewährten Küchenassistenten – dem Thermomix. Erweitern Sie den Aufgabenbereich Ihres Lieblingsküchengeräts und gestalten Sie damit Ihren Alltag noch ein bisschen angenehmer und bequemer.
Mit dem Thermomix ist es so einfach, natürliche Pflegezutaten zu vermengen, zu mixen oder zu erwärmen und hochwertige Naturkosmetik herzustellen. Die Vorgehensweise ist im Grunde die gleiche wie bei der Zubereitung von Speisen – nur geht alles noch schneller: Sie benötigen lediglich ein paar wenige Zutaten, den Mixtopf mit dem Schneidemesser, und schon kann's losgehen mit dem Anrühren Ihrer DIY-Naturpflege. Im Handumdrehen sind die Naturkosmetika fertig. Sie brauchen die fertig gerührten Produkte dann nur noch in geeignete Behälter – Fläschchen, Sticks oder Tiegel – umzufüllen.
Da Sie für die Herstellung Ihrer Pflege nur natürliche Zutaten ohne chemische Zusätze verwenden, brauchen Sie wegen der anschließenden Reinigung des Thermomix keine Bedenken zu haben.

»Ihre selbstgerührten Lieblingscremes werden auch Freunde und Familie begeistern!«

Einige der Fette, Öle, Früchte und Kräuter kennt der Thermomix ja bereits aus Ihrer Küche. Und was die ätherischen Öle oder Wachse angeht: Sie können unbesorgt sein, im Mixtopf werden keinerlei Düfte oder auch Kosmetikreste hängenbleiben. Der Topf lässt sich völlig problemlos und absolut rückstandsfrei wieder reinigen, so dass er sofort wieder bereit ist zum Kochen, Rühren, Mixen und Garen.
Wie sich der Thermomix fast ohne Ihr Zutun selbst reinigt, erfahren Sie auf Seite 20.

Selbst gemachte Geschenke aus dem Thermomix

Ihre selbst gerührten Lieblingscremes und Badezusätze sind übrigens auch ein tolles Geschenk, das Freunde und Familie begeistern wird! Im Anschluss an den Rezeptteil finden Sie ein paar Anregungen für hübsche Etiketten, mit denen Sie Ihre Fläschchen und Tiegel verzieren können.

Doch bevor Sie nun anfangen mit dem Erwärmen und Rühren, sollten Sie zunächst herausfinden, welche Hautpflege zu Ihnen passt.

NATURKOSMETIK FÜR IHRE BEDÜRFNISSE

Wir widmen unserer Haut bei der täglichen Pflege viel Zeit, damit sie gesund, schön und geschmeidig zart ist. Und das ist auch gut so. Denn die Haut ist für unseren Körper wie ein schützender Mantel, bewahrt ihn vor schädlichen Umwelteinflüssen, vor Überhitzung, Kälte und Austrocknung. Gleichzeitig speichert sie Fett und Wasser und erneuert sich regelmäßig selbst. Die Haut besteht aus drei Schichten, die jeweils unterschiedliche Funktionen erfüllen: Die Oberschicht schützt uns vor Giften und Krankheitserregern, die darunter liegende Lederhaut sorgt für Elastizität, während die Unterhaut eine Art Wasser- und Wärmespeicher ist. Durch einen gesunden Lebensstil, viel Bewegung und die richtige Pflege sorgen wir dafür, dass die Haut gesund und elastisch bleibt. Doch welche Pflege ist für unseren Hauttyp die richtige?

Die verschiedenen Hauttypen und ihre Pflege

Man unterscheidet zwischen fünf verschieden Hauttypen: normaler Haut, fettiger Haut, Mischhaut, trockener und sensibler Haut. Die Pflege sollten Sie immer auf Ihren individuellen Hauttyp abstimmen.
Normale Haut ist feinporig, fühlt sich glatt und geschmeidig an und zeigt einen matten Schimmer. Die tägliche Pflege ist ganz unproblematisch: Morgens und abends reicht hier eine leichte, nicht zu reichhaltige Reinigung aus. Anschließend können Sie eine feuchtigkeitsspendende Creme auftragen.
Fettige Haut ist eher großporig. Dieser Hauttyp neigt zu Mitessern und Pickeln. Wenn Sie zu fettiger Haut neigen, macht sich im Laufe eines Tages ein deutlich sichtba-

rer Glanz auf Ihrer Gesichtshaut bemerkbar.
Zur Pflege reinigen Sie Ihr Gesicht zweimal täglich gründlich. Tragen Sie anschließend eine feuchtigkeitsspendende Creme auf. Verwöhnen Sie sich und Ihre Haut einmal pro Woche mit einer reinigenden Maske.
Mischhaut Haben Sie im Gesicht leicht glänzende Stellen im Stirn-Nasen- und Kinnbereich, ansonsten aber eher trockene, feinporige Haut? Dann sind Sie, wie so viele, der Mischhaut-Typ. Eine milde Gesichtsreinigung zweimal am Tag reicht bei Ihnen aus. Versorgen Sie Ihre Gesichtszonen anschließend nach ihren Bedürfnissen.
Trockene Haut ist generell eher feinporig, fühlt sich bisweilen leicht rau an und neigt zu Trockenheitsfältchen. Nach dem Waschen kommt es oftmals zu Spannungsgefühlen. Daher sollten Sie darauf achten, die Haut mit reichhaltiger Pflege zu versorgen, um den Schutzmantel zu stabilisieren. Verwöhnen Sie sich zusätzlich einmal wöchentlich mit einer feuchtigkeitsspendenden Maske.
Sensible Haut ist, ähnlich wie die trockene Haut, eher feinporig. Sie reagiert schnell gereizt auf Umwelteinflüsse oder chemische Wirkstoffe von Pflegeprodukten, was sich an Rötungen bemerkbar machen kann.
Achten Sie bei sensibler Haut darauf, dass Ihre Reinigungs- und Pflegeprodukte keine Fruchtsäuren enthalten. Eine milde Creme zweimal am Tag, beruhigt.
Wichtig für alle Hauttypen: Bitte testen Sie die Produkte vor der ersten Anwendung auf einer kleinen Hautstelle, da auch selbst gemachte Naturkosmetik Unverträglichkeiten auslösen kann. Wenden Sie die Produkte nicht bei offenen Hautstellen an.

So bleibt Ihre Haut strahlend schön

Wir können einiges tun, um die jugendliche Frische unserer Haut lange zu bewahren. Neben der Pflege spielen auch Ernährung und individuelle Lebensgewohnheiten eine große Rolle. Hier ein paar Tipps, wie Sie Ihrer Haut regelmäßig Gutes tun können:

- Reinigen Sie Ihre Haut morgens und abends mit einer sanften Reinigungsmilch – nicht öfter. Meist reicht morgens auch einfach warmes Wasser aus. Zu häufiges Waschen greift den Säureschutzmantel der Haut an und macht sie trocken und empfindlich. Tragen Sie nach der Reinigung immer eine für Ihren Hauttyp passende Pflege auf.
- Gönnen Sie sich regelmäßig eine Gesichtsmaske, die auf Ihren Hauttyp abgestimmt ist. Masken entspannen und pflegen Ihre Haut und sorgen für angenehme kleine Auszeiten im Alltag. Gönnen Sie sich dazu ein wenig Muße, hören Sie Ihre Lieblingsmusik oder träumen Sie vom nächsten Urlaub …
- Machen Sie regelmäßig ein Peeling: bei sensibler und trockener Haut alle fünf Wochen, wenn Sie

»Viele Zutaten für die DIY-Produkte finden Sie bei sich zuhause im Kühlschrank.«

zu fettiger Haut neigen, alle drei Wochen. Durch die Schleifpartikel werden Hautschüppchen entfernt und die Durchblutung der Haut wird angeregt. Bitte beachten: Peelings immer nur sanft auftragen, niemals rubbeln und nicht bei offenen Stellen anwenden.

- Tanken Sie Sauerstoff – frische Luft und viel Bewegung sorgen für eine optimale Durchblutung der Haut. Machen Sie Spaziergänge oder gehen Sie joggen. Licht (wenn es keine starke Sonneneinstrahlung ist), frische Luft und viel Bewegung sorgen für einen strahlenden Teint und gute Laune!
- Schlafen Sie ausreichend, denn nachts erholt sich Ihre Haut und die Zellteilung wird angekurbelt. Achten Sie darauf, dass Sie in einem gut gelüfteten und nicht überheizten Raum schlafen.
- Ernähren Sie sich gesund. Verzichten Sie auf Nikotin und möglichst auch auf Alkohol und reduzieren Sie Ihren Koffeinkonsum. Nehmen Sie ausreichend Vitamine, also viel frisches Obst und Gemüse, zu sich und trinken Sie täglich mindestens 1,5 Liter, am besten Wasser oder Kräutertee. Denn Hautpflege ist nicht nur die Creme, die Sie täglich auftragen, sondern auch die Nahrung, die Sie Ihrem Körper geben!

DIE ZUTATEN FÜR DIE KOSMETIKPRODUKTE

Keine Sorge, Sie brauchen keinen ganzen Schrank voller Zutaten, wenn Sie Ihre Kosmetik selber machen möchten. Für die Basis reichen erst einmal Kokosöl, Olivenöl, Meersalz, ein ätherisches Öl (mit einem Duft Ihrer Wahl), Bienenwachs und Kakaobutter. Und für viele Rohstoffe müssen Sie nicht einmal das Haus verlassen – die finden Sie im Kühlschrank oder in der Vorratskammer.

Wo Sie die nötigen Inhaltsstoffe bekommen

Die meisten der Zutaten erhalten Sie in der Apotheke, aber auch im Reformhaus oder Bioladen werden Sie fündig, wenn Sie Basisöle, ätherische Öle oder Kräuter besorgen möchten. Frische Produkte finden Sie im Bioladen, auf dem Wochenmarkt oder auch in der Bioabteilung Ihres Supermarktes. Achten Sie darauf, dass sie aus kontrolliert biologischer Erzeugung stammen. Und wenn die Zeit knapp ist, können Sie natürlich sämtliche Zutaten auch bequem online erwerben. Eine zuverlässige Online-Bezugsquelle finden Sie auf Seite 95 dieses Buches.

Wie verträglich sind die Produkte?

Die Zutaten sind hochwertig und in der Regel alle gut verträglich, jedoch sollten vor allem Allergiker, wie bereits erwähnt, immer erst auf einer kleinen Hautstelle testen, wie die Haut auf die Inhaltsstoffe reagiert.

Bei der Zubereitung der Produkte werden weder Alkohol noch irgendwelche Emulgatoren

verwendet. Da ich bei Zusammenstellung meiner Rezepte generell auch auf Getreide- und Milchprodukte verzichte, können Sie also, wenn Sie unter einer Gluten- oder Laktoseunverträglichkeit leiden, völlig unbesorgt sein.
Welche Rohstoffe bei den Rezepten im Wesentlichen verwendet werden und welche Eigenschaften diese haben, erfahren Sie im Folgenden.

Ätherische Öle regen die Sinne an
Ätherische Öle werden aus Blüten, Blättern, Harzen, Wurzeln oder Früchten gewonnen. Diese intensiv duftenden pflanzlichen Wirkstoffe sind hoch konzentriert und haben eine wohltuende Wirkung auf Körper und Geist. Sie regen unsere Sinne an, wecken angenehme Erinnerungen, entspannen oder bringen neue Energie. Und nicht zuletzt besitzen sie häufig eine sanfte Heilkraft, die nicht nur in der Aromatherapie genutzt wird, sondern auch in vielen bewährten Hausmitteln Anwendung findet. Naturkosmetika können mit verschiedensten ätherischen Ölen veredelt werden – je nach Ihren individuellen Vorlieben. Das können Blütenöle wie Lavendel, Wildrose oder Jasmin sein, von Bäumen stammende Öle mit eher herb-würzigem Aroma, etwa Sandelholz, Eukalyptus, Teebaum oder Zedernholz, duftende Öle aus exotischen Pflanzen wie Weihrauch, Ylang-Ylang und Patchouli, oder auch Öle, die aus Heil- und Küchenkräutern gewonnen werden, wie Thymian, Rosmarin oder Salbei.
Aufgrund ihrer hohen Konzentration sollten Sie ätherische Öle mit Vorsicht einsetzen. Tragen Sie ein solches Öl nur verdünnt und nie direkt auf die Haut auf. Für Gesichtspflegeprodukte verwenden Sie bitte maximal 10 Tropfen pro 100 ml des Pflegeprodukts, für Produkte zur Körperpflege maximal 20 Tropfen pro 100 ml. Stark reizende Öle (wie Zimt oder Teebaumöl) sollten Sie besonders sparsam verwenden. Achten Sie bei Ölen darauf, dass die Fläschchen immer fest verschlossen sind, und bewahren Sie sie an einem dunklen Ort auf.

Basisöle – Balsam für die Haut
Basisöle sind rein pflanzliche Produkte und bilden die Grundlage für Do-it-yourself-Naturkosmetik. Öle steigern die Feuchtigkeitsaufnahme der Haut, pflegen und schützen sie vor Wind und Wetter. Die wichtigsten Basisöle möchte ich Ihnen kurz vorstellen:

Aprikosenkernöl ist ideal, wenn Sie empfindliche Haut haben. Vor allem trockene Haut profitiert von diesem Öl, da es Feuchtigkeit speichert und gut einzieht. Das aus Kernen der Aprikose gewonnene Öl hat vielfältige Eigenschaften, vor allem hilft es aufgrund seines Gehalts an Pangamsäure, das Gewebe zu festigen, und den Hautstoffwechsel anzuregen.

»Basisöle bilden die Grundlage für selbstgemachte Kosmetik.«

Avocadoöl spendet viel Feuchtigkeit und ist besonders für die Pflege trockener und rissiger Haut geeignet. Wegen des hohen Gehalts an Palmitoleinsäure ist das Öl selbst für die Pflege sehr empfindlicher Haut zu empfehlen. Avocadoöl wirkt leicht konsistenzgebend und verhilft somit zu mehr Festigkeit in Emulsionen. Das Öl ist außerdem entzündungshemmend und daher auch sehr gut geeignet, wenn Sie unreine Haut haben sollten. Hilft auch bei Schuppenflechte und Neurodermitis.

Johanniskrautöl wirkt durchblutungsfördernd, heilend und hautstraffend. Da der rote Farbstoff in dem Öl die Lichtempfindlichkeit der Haut erhöht, sollten Sie jedoch nach der Anwendung längere Aufenthalte in der Sonne vermeiden. Produkte mit Johanniskrautöl eignen sich besonders gut, wenn Sie raue, trockene oder empfindliche Haut haben.

Jojobaöl wirkt antiallergen und ist damit ein ideales Basisöl für alle Hauttypen. Es reguliert durch seine hervorragende Tiefenwirkung den Feuchtigkeitshaushalt der Haut und macht diese glatt und geschmeidig. Jojobaöl festigt außerdem das Bindegewebe und wirkt Faltenbildung entgegen.

Kokosöl ist ein wahres Multitalent: Es sorgt für zarte, weiche Haut und glänzendes Haar, es bekämpft unreine Haut, verleiht einen frischen Teint. Bei gestresster Haut wirkt Kokosöl kühlend und beruhigend. Dafür sorgen verschiedene Mineralien wie Zink, Eisen und Magnesium, essenzielle Fettsäuren sowie die Vitamine B, C und E. Kokosöl besitzt bei Zimmertemperatur eine feste Konsistenz und muss zur Herstellung von Pflegeprodukten erwärmt werden.

Mandelöl ist eines der wertvollsten Basisöle, das in der Naturkosmetik Verwendung findet. Es eignet sich für jeden Hauttyp und kann sogar zur Säuglingspflege genutzt werden. Durch seine beruhigende Wirkung ist es ideal, wenn Sie sensible Haut haben. Mandelöl sollte licht- und sauerstoffgeschützt aufbewahrt werden, da es sehr leicht ranzig wird.

Olivenöl zieht nur langsam in die Haut ein und hinterlässt einen leichten, pflegenden Film auf der Hautoberfläche. Somit ist das reichhaltige Öl gut geeignet für eher trockene, spröde Haut. Olivenöl ist sehr reich an hautschützenden Antioxidantien und Vitamin E.

Sesamöl ist ein ideales Massageöl, da es die Durchblutung fördert und dadurch angenehm wärmt. Gleichzeitig unterstützt es die Regeneration der Haut. Wenn Ihre Haut zu Trockenheit neigt, sind Pflegeprodukte mit Sesamöl besonders geeignet, da es gut ein-

zieht und einen sanften Schutzfilm hinterlässt. Vitamin A und E sowie verschiedene Antioxidantien beugen zudem der Hautalterung vor.

Für Kosmetik zum Anfassen – Konsistenzgeber

Wenn Ihr Pflegeprodukt nicht flüssig, sondern etwas fester sein soll, zum Beispiel, weil Sie eine Massagebutter im Thermomix anrühren möchten, benötigen Sie einen Konsistenzgeber.

Bienenwachs ist ideal, wenn Sie zu trockener, gereizter oder auch spröder Haut neigen, denn es bildet einen feinen Schutzfilm, der vor Witterungseinflüssen schützt. Daher ist Bienenwachs vor allem auch ein beliebter Bestandteil von pflegendem Lippenbalsam. Ein hoher Gehalt an Vitaminen, Mineralien, Fettsäuren und Mikronährstoffen sorgt für eine gute Feuchtigkeitsspeicherung und unterstützt den Regenerationsprozess der Haut.

Carnaubawachs ist eine vegane Alternative zu Bienenwachs. Es wird aus der in Brasilien beheimateten Carnaubapalme gewonnen. Da das Wachs frei von Duftstoffen ist, ist es besonders geeignet, wenn Sie Allergiker sind. In Pflegeprodukten reduziert es durch sein sehr gutes Ölbindevermögen das fettige Gefühl auf der Haut. Ein weiterer Pluspunkt: Produkte mit Carnaubawachs bleiben auch bei sommerlichen Temperaturen formstabil.

Kakaobutter wird aus den Kernen der Kakaobohne gewonnen und riecht angenehm nach Schokolade. Diese Pflanzenbutter pflegt und nährt sehr trockene, rissige Haut. Sie macht selbst gereizte und reifere Haut zart und samtig und zieht schnell ein. Kakaobutter besteht zu einem großen Teil aus ungesättigten Fettsäuren und enthält Vitamin K und E sowie natürliche Antioxidantien, die der Hautalterung entgegenwirken.

Mangobutter stammt aus den Kernen der Mangofrucht und ist ein nahezu universeller Konsistenzgeber. Sie ist für normale bis fettige Haut verwendbar. Als Feuchtigkeitsspender ist sie wunderbar cremig, zieht gut ein und macht Ihre Haut schön geschmeidig. Da Mangobutter sich auf der Haut leichter und »feuchter« anfühlt als Sheabutter, wird sie gerne auch als Ersatz für diese genutzt.

Sheabutter wird auch aus Fruchtsamen gewonnen, und zwar aus der Sheanuss, die sich in der Beerenfrucht des Karitébaums befindet. Sie kann sowohl pur auf die Haut aufgetragen als auch als Konsistenzgeber verwendet werden und macht Ihre Haut herrlich weich. Sheabutter ist überaus reich an Nährstoffen und hilft aufgrund ihrer schützenden Wirkung selbst bei Neurodermitis oder Schuppenflechte.

»Einige Lebensmittel sind wahre Schönmacher für Ihre Haut.«

Gelbildner – für Duschgele & Co.
Gelbildner dienen als Grundlage für wässrige Gele. Sie werden zur Herstellung von Duschgelen, Gesichtsmasken oder Haarkuren verwendet und verleihen der Basisflüssigkeit die notwendige Konsistenz. Gelbildner sind z. B. Agar-Agar, Xanthan, Pfeilwurzelstärke, Tapiokamehl und Johannisbrotkernmehl.

Feuchtigkeitsspender – die Hautverwöhner
Honig ist ein ideales Produkt zur Hautpflege, das schon in der Antike als »Geschenk der Götter« angesehen wurde. Er verbessert die Elastizität und die Regeneration der Haut, wirkt entzündungshemmend und reduziert die Pigmentierung der Haut. Die Wirkstoffe des Honigs binden die Feuchtigkeit in der Haut und halten sie jung und geschmeidig, seine sekundären Pflanzenstoffe z. B. wirken als Radikalfänger und beugen vorzeitiger Hautalterung vor. Honig im Haarshampoo macht Ihre Haare seidig glänzend. Falls Sie Allergiker sind, sollten Sie wegen der im Honig enthaltenen Blütenpollen gegebenenfalls auf die Anwendung von Honig verzichten.

Aloe-Vera ist ein dickflüssiges Gel, das aus dem Frischblatt der Aloe-Vera-Pflanze gewonnen wird. Es wird sehr schnell von der Haut aufgenommen und bindet ihre Feuchtigkeit. Aloe-Vera wirkt zellerneuernd, kühlt die Haut bei Sonnenbrand und Insektenstichen und heilt dank seiner antibakteriellen Wirkung sogar Wunden. In der Naturkosmetik ist Aloe-Vera aufgrund seiner pflegenden Wirkstoffe nicht wegzudenken.

Was Ihrer Haut außerdem guttut
Frische Zutaten In der Naturkosmetik nutzen wir häufig die pflegenden Wirkstoffe natürlicher Zutaten, die wir sonst auf unserem Speiseplan haben. Viele Lebensmittel sind wahre Schönmacher wie z. B. die Avocado, die mit ihren mehrfach ungesättigten Fettsäuren sowie viel Vitamin A und B vor allem trockene Haut pflegt. Aber auch Früchte wie Banane, Erdbeere, Apfel, Zitrone oder die exotische Papayafrucht kommen in der Hautpflege wegen ihrer hautpflegenden Wirkstoffe immer häufiger zum Einsatz. Achten Sie beim Einkauf bitte vor allem auf frische und regionale Produkte, möglichst in Bio-Qualität.

Backsoda, auch bekannt als Natron oder Natriumbicarbonat, ist ein vielseitiges und günstiges Hausmittel, das auch in der Naturkosmetik gerne verwendet wird. In Deodorants wird es als exzellenter Geruchskiller verwendet, in Bade- oder Duschbomben macht man sich die Schaumbildung zunutze. Auch in Zahnpflegeprodukten kann es zum Einsatz kommen: Es sorgt für frischen Atem und weißere Zähne.

Achtung: Verwechseln Sie Backsoda nicht mit Waschsoda, das zum Wäschewaschen verwendet wird und hautreizend ist!

Vitamin E ist eines der stärksten Antioxidantien und schützt die Zellen vor schädlichen Einflüssen. Es kommt vor allem in pflanzlichen Ölen, Nüssen und Samen vor. In Hautpflegeprodukten wirkt es entzündungshemmend, lindert Juckreiz und beschleunigt die Wundheilung. Vitamin E beugt außerdem der Bildung von Altersflecken und vorzeitiger Hautalterung vor.

ZUTATEN FÜR DIE HAUSMITTEL

Auch bei der Herstellung von Hausmitteln sollten Sie darauf achten, dass Sie möglichst Bio-Produkte verarbeiten.

Ananas schmeckt nicht nur toll, sondern hält uns auch gesund und schön. Sie enthält viel Vitamin C, Mineralstoffe und Ballaststoffe, kurbelt die Fettverbrennung an, entwässert und wirkt entzündungshemmend. Ananas gilt als das neue Wundermittel gegen Cellulite: Die exotische Frucht enthält das Eiweiß spaltende Enzym Bromelain, das dabei hilft, dass sich Wassereinlagerungen im Gewebe zurückbilden können.

Ingwer ist eine wahre Powerknolle. Die aus Asien stammende Wurzel kurbelt die Durchblutung an, hilft den Bronchien, sich zu weiten, und wirkt schleimlösend, antibakteriell und antiviral. So fördert sie bei einer Erkältung die Heilung. Gleichzeitig beruhigt sie den Magen, regt die Verdauung an und wirkt allgemein schmerzlindernd. Mittlerweile ist Ingwer in jedem Supermarkt erhältlich.

Honig, beliebt bei Leckermäulern, ist nicht nur ein geschätzter Bestandteil vieler Naturkosmetika, sondern aufgrund seiner antibakteriellen und entzündungshemmenden Eigenschaften auch sehr hilfreich und nützlich bei der Pflege »von innen«. Vor allem bei Erkältungen kommt er häufig zum Einsatz. Honig beruhigt den Hals und bekämpft Infektionen in den oberen Atemwegen, ihm wird sogar eine leicht antibiotische Wirkung zugeschrieben.

Kokosöl wirkt antibakteriell und antiviral, das heißt, es kann dazu beitragen, Krankheitserreger, vor allem Viren, unschädlich zu machen. Es hilft, die Dauer einer Erkältung zu verkürzen und diese etwas abzuschwächen. Die in Kokosöl enthaltene Laurinsäure wirkt sich außerdem positiv auf die Cholesterinwerte aus.

Zimt, aus der getrockneten Rinde von Zimtbäumen gewonnen, gehört zu den ältesten Gewürzen der Welt. Er hat die Eigenschaft, das Wachstum von Bakterien zu verhindern und einzudämmen,

»Masken und Packungen sollten immer frisch angerührt werden.«

wirkt entzündungshemmend und schmerzstillend. Daher kann Zimt Ihnen helfen, wenn Sie mit Erkältungs- und Grippesymptomen zu kämpfen haben.

Zitrone liefert bekannterweise besonders viel antioxidatives Vitamin C, stärkt das Immunsystem und besitzt ausgezeichnete antibakterielle und antivirale Eigenschaften, die möglichen Infektionen in Ihrem Körper auf ganz natürliche Art und Weise zu Leibe rücken.

KONSERVIEREN – SO KLAPPT'S!

Bevor wir nun zu den Rezepten kommen, sollen Sie noch das Wichtigste zur Haltbarkeit der selbst gemachten Produkte und zur nötigen Hygiene bei der Verarbeitung und Herstellung erfahren. Denn schließlich enthalten Naturkosmetika keine künstlichen Konservierungsstoffe, die sie länger haltbar machen.

Haltbarkeit – das sollten Sie beachten

DIY-Naturkosmetik sollte in Sachen Haltbarkeit wie Lebensmittel angesehen werden: Je frischer die verarbeiteten Zutaten sind, desto schneller sollten Sie dieses Produkt verbrauchen. Halten Sie sich bei der Frage nach der Haltbarkeit am besten immer an die Zutat, die am schnellsten verdirbt.
Wenn Sie also frische Lebensmittel zur Herstellung verwenden, können Sie das Pflegeprodukt maximal eine Woche im Kühlschrank lagern. Masken und Packungen sollten Sie immer frisch anrühren. Produkte, die nur aus Pflanzenbutter und -ölen bestehen, können Sie hingegen bis zu einem Jahr aufbewahren.
Sollten Sie jedoch merken, dass sich der Geruch oder die Konsistenz Ihres Produkts ändern, dann ist es besser, es nicht mehr zu verwenden! Bei den Rezepen ist die Haltbarkeit der einzelnen Pflegeprodukte jeweils angegeben. Achten Sie bei den verschiedenen Zutaten jedoch bitte auch auf das Haltbarkeitsdatum, das auf den Etiketten, etwa bei den Ölen, vermerkt ist. Dort steht üblicherweise auch, wie lange das Öl nach Anbruch noch verwendet werden darf.

Gut gekühlt ist länger haltbar

Cremes ohne Konservierungsstoffe halten sich im Kühlschrank bis zu sechs Wochen. Wenn Sie länger etwas von Ihrer selbst hergestellten Kosmetik haben wollen, dann können Sie sie auch in kleineren Portionen einfrieren. Um nach dem Auftauen wieder dieselbe cremige Konsistenz zu erhalten, sollten Sie Ihr Produkt vor der Verwendung noch einmal gut umrühren.

Das A & O bei der Verarbeitung: Hygiene

Ebenso wichtig wie eine kühle Lagerung ist die Hygiene bei der Herstellung der Naturprodukte.

Waschen Sie Ihre Hände immer gründlich, bevor Sie mit der Zubereitung beginnen.
Reinigen Sie den Thermomix und alle zusätzlichen Geräte, die Sie zur Herstellung benötigen, sorgfältig.
Flaschen und Gläser, die Sie verwenden möchten, können Sie im Vorfeld schon mit dem Thermomix reinigen und abkochen. Die Reinigungsschritte sind im Grunde ganz einfach:

- 500 g Wasser in den Mixtopf geben, den Gareinsatz einhängen.
- Die Deckel und kleineren Utensilien in den Gareinsatz legen.
- Die Gläser und Flaschen in den Varoma legen und den Varoma aufsetzen.
- Alles **15 Min./Varoma/Stufe 1** reinigen.

Die Reinigung Ihres Thermomix **nach** der Nutzung führen Sie wie folgt durch:

- 1000 g warmes Wasser in den Mixtopf geben und **30 Sek./Stufe 6** spülen.
- Anschließend den Mixtopf mit einer geeigneten Spülbürste nochmals reinigen.

Wenn Sie mit Wachsen, d. h. Bienen- oder Carnaubawachs, arbeiten, ist es notwendig, den Mixtopf mit heißem Wasser zu reinigen, um eventuelle Wachsreste vollständig zu beseitigen. Auch hier erledigt der Thermomix die Arbeit für Sie:

- 2000 g Wasser in den Mixtopf geben.
- Das Wasser **10 Min./90 °C/Stufe 2** erwärmen, bis sich die Reste des Pflegeprodukts gelöst haben, dann den Mixtopf zügig ausspülen.
- Bei hartnäckiger Verschmutzung geben Sie 10 g Backsoda zusammen mit dem Wasser in den Mixtopf.

Was Sie beim Selberrühren mit dem Thermomix beachten sollten
Sie werden sehen, Naturkosmetika und Hausmittel mit dem Thermomix herzustellen ist denkbar unkompliziert und macht einfach Spaß! Denn Sie zaubern innerhalb kürzester Zeit tolle Pflegeprodukte, die dafür sorgen, dass Sie sich in Ihrer Haut rundum wohl und natürlich gepflegt fühlen.
Bevor Sie nun beginnen, hier noch ein paar allgemeine Tipps zur Bedienung des Thermomix:

- Wenn Sie Zutaten erwärmen und miteinander mischen, gilt immer die Reihenfolge: Zeit vorgeben – gewünschte Temperatur einstellen – Drehzahl einstellen.
- Zum Rühren und Mixen benötigen Sie bei den Pflegeprodukten im Rezeptteil in der Regel nur Mixtopf und Schneidemesser.
- Wenn Sie Zutaten abwiegen, achten Sie darauf, dass nichts unter dem Thermomix klemmt. Beachten Sie ebenfalls, dass Sie den Thermomix beim Abwiegen nicht berühren. Die Waage ist in den Standfüßen eingebaut und so würden Sie zusätzlich Ihr eigenes Gewicht mitwiegen.

Die Rezepte

Naturkosmetik

Avocado für weiche Haut, Honig für glänzende Haare, Sommerblumen zum Relaxen in der Badewanne – alles, was uns schön macht und pflegt, hält die Natur für uns bereit. Es ist einfach ein gutes Gefühl, unsere Haut nur natürlichen Pflegestoffen anzuvertrauen, die wir selbst zusammenstellen. Viele davon finden wir übrigens zu Hause in der Küche. Dazu kommen hochwertige Pflanzenöle als Basics und ätherische Öle mit wohltuenden Duftstoffen – mehr brauchen wir nicht für unsere selbst gemachten Pflegeprodukte. Do-it-yourself-Naturkosmetik ist nicht teuer und mit dem Thermomix im Handumdrehen fertig. Sie brauchen nur die Zutaten zusammenzustellen und den Rest erledigt Ihr neuer »Beauty-Assistent« fast von alleine – während Sie inzwischen entspannen können. Ob Cremes oder Shampoos, pflegende Masken oder verwöhnende Massageöle – in allen hier vorgestellten Rezepten werden nur natürliche Produkte ohne künstliche Zusätze verwendet. Kleiner Tipp: Wäre eins Ihrer selbst gerührten Pflegeprodukte in hübscher Verpackung nicht eine tolle Geschenkidee? Am Ende des Buches finden Sie hierfür tolle Geschenkanhänger zum Heraustrennen!

Gesichts-pflege

Ergibt 275 ml		8 Min.	6 Min.

Milde Feuchtig-keitscreme

110 g Kokosöl, 55 g Sheabutter, 55 g Bienenwachs (alternativ: Carnaubawachs), 55 g Mandelöl, ein paar Tropfen Vitamin-E-Öl, ein paar Tropfen ätherisches Öl Ihrer Wahl, z. B. Ylang-Ylang, Rosenholz oder Lavendel (Seite 15)

Täglich ist Ihre Gesichtshaut Wind und Wetter und noch so einigem mehr ausgesetzt. Daher sollten Sie auf ihre natürliche Pflege besondere Sorgfalt verwenden. Zum Beispiel mit einer reichhaltigen Reinigungsmilch, die die Haut nicht austrocknet. Eine selbst gemixte Feuchtigkeitscreme aus wertvollen pflanzlichen Ölen, die schnell einziehen und die Haut schützen, versehen mit Ihrem persönlichen Lieblingsduft, der Sie schon am Morgen in Stimmung bringt. Oder mit einer ruckzuck selbst gemachten Lippenpflege, die sommers wie winters dafür sorgt, dass Ihre Lippen weich und zart sind. Vanille, Minze oder Kokos? Suchen Sie sich die gewünschte Geschmacksrichtung aus.

- Kokosöl, Sheabutter und Bienenwachs in den Mixtopf geben und **6 Min./65 °C/Stufe 1** erhitzen.
- Das Mandelöl hinzufügen und alles **30 Sek./Stufe 4** miteinander mischen.
- Das Vitamin-E-Öl und das ätherische Öl Ihrer Wahl dazugeben und alles weitere **10 Sek./Stufe 4** verrühren.
- Die Gesichtscreme in einen Behälter Ihrer Wahl umfüllen.
- Die Creme hält sich im Kühlschrank 4–6 Monate.

Anwendung: Nehmen Sie morgens und abends eine kirschkerngroße Menge der Feuchtigkeitscreme und verteilen Sie diese auf Gesicht, Hals und Dekolleté.

Tipp: Testen Sie die Creme am besten vor der ersten Anwendung an einer unauffälligen Stelle Ihres Gesichts auf Verträglichkeit.

Avocado-Minz-Creme

Ergibt 100 ml		*6 Min.*	*5 Min.*

5 g Bienenwachs (alternativ: Carnaubawachs), 10 g Olivenöl, 20 g Avocadoöl, 70 g heißes Wasser (ca. 60–70 °C), 1–2 Tropfen ätherisches Pfefferminzöl

- Bienenwachs bzw. Carnaubawachs, Oliven- und Avocadoöl in den Mixtopf einwiegen und **5 Min./65 °C/Stufe 1** erhitzen.
- Wasser und Minzetropfen hinzugeben und den Thermomix auf **Stufe 1** so lange laufen lassen, bis die Temperaturanzeige **45 °C** anzeigt.
- Die Creme in einen Behälter Ihrer Wahl umfüllen und kaltstellen.
- Die Creme ist im Kühlschrank 2–4 Monate haltbar.

Anwendung: Verteilen Sie die Creme morgens und abends auf Gesicht, Hals und Dekolleté. Das pflegende Avocadoöl zieht schnell ein und verbessert durch seinen Vitamin-A- und -E-Gehalt das Hautbild. Es ist vor allem für die normale und Mischhaut optimal. Durch die Minze wirkt diese Creme außerdem sehr erfrischend auf Ihrer Haut.

Vitalisierende Gesichtspflege für Männer

Ergibt 140 ml		*12 Min.*	*11 Min.*

30 g Bienenwachs (alternativ: Carnaubawachs), 45 g Sheabutter, 60 g Jojobaöl, 5 Tropfen Patchouliöl, 5 Tropfen Weihrauchöl, 2 Tropfen Lavendelöl, 2 Tropfen Shutranöl

- Das Bienenwachs bzw. Carnaubawachs in den Mixtopf geben und **6 Min./65 °C/Stufe 1** erhitzen.
- Die Sheabutter hinzufügen und die Masse weitere **5 Min./50 °C/Stufe 1,5** erhitzen.
- Das Jojobaöl und die ätherischen Öle Patchouli, Weihrauch, Lavendel und Shutran dazugeben und alles **20 Sek./Stufe 4** miteinander mischen.
- Die Creme in einen Behälter Ihrer Wahl umfüllen.
- Die Gesichtspflege hält sich im Kühlschrank 4–6 Monate.

Anwendung: Nehmen Sie morgens und abends eine kirschkerngroße Menge und massieren Sie diese in die Gesichtshaut ein. Die erfrischend herb duftende Creme sorgt dafür, dass Ihre Haut weicher und geschmeidiger wird.

Tipp: Testen Sie die Creme am besten vor der ersten Anwendung an einer unauffälligen Stelle Ihres Gesichts auf Verträglichkeit.

Anti-Pickel-Creme

Ergibt 30 ml	Schwierigkeit	5 Min.	4 Min.

30 g Kokosöl, 2–5 Tropfen Teebaumöl

- Das Kokosöl in den Mixtopf geben und **4 Min./40 °C/Stufe 1** erhitzen.
- Ab Minute 3 den Messbecher vom Mixtopfdeckel nehmen und 2–5 Tropfen Teebaumöl zu dem Kokosöl geben.
- Die Masse in Lippenstiftbehälter oder kleine Schraubgläser füllen und in den Kühlschrank stellen.
- Kühl gelagert, wird die Masse hart und kann als Anti-Pickel-Creme benutzt werden.
- Die Creme ist im Kühlschrank 2–4 Monate haltbar.

Anwendung: Tragen Sie die Creme abends nach der Gesichtsreinigung punktuell auf die betroffenen Stellen auf und lassen Sie sie über Nacht einwirken.

Tipp: Teebaumöl wirkt entzündungshemmend und wundheilend und ist daher ein idealer Akne-Killer. Benutzen Sie bei der Anwendung am besten einen sauberen Spatel, wenn Sie etwas Creme aus dem Behälter nehmen. So verlängern Sie die Haltbarkeit des Produkts.

Avocado-Reinigungsmilch

Ergibt 175 ml	Schwierigkeit	6 Min.	5 Min.

20 g Mandel- oder Kokosmilch, 15 g Honig, 100 g Rosenwasser, 20 g Avocadoöl, 20 g Mandelöl

- Die Mandel- bzw. Kokosmilch, den Honig und das Rosenwasser in den Mixtopf geben und **5 Min./37 °C/Stufe 1** erwärmen.
- Die Öle dazugeben und alles **10 Sek./Stufe 6** vermischen.
- Die Reinigungsmilch in eine Flasche oder einen Behälter Ihrer Wahl umfüllen und kaltstellen.
- Gekühlt ist die Milch 3–4 Wochen haltbar.

Anwendung: Verteilen Sie die Reinigungsmilch gleichmäßig auf Gesicht und Hals und nehmen Sie die Reste anschließend mit einem feuchten Wattebausch ab.

Tipp: Diese Milch eignet sich hervorragend bei trockener und empfindlicher Haut. Das Avocadoöl ist besonders reich an Vitamin A und E, die das Hautbild verfeinern.

4 Lippen-stifthülsen	♛	9 Min.	7 Min.

Schoko-Mint-Lippenbalsam

10 g Kokosöl, 10 g Bienenwachs (alternativ: Carnaubawachs), 5 g Mandelöl, 5 g Kakaobutter, ca. 15 Tropfen ätherisches Pfefferminzöl
Außerdem: saubere, gut verschließbare Behälter Ihrer Wahl zum Abfüllen, z. B. Lippenstifthülsen

- Kokosöl, Bienenwachs bzw. Carnaubawachs, Mandelöl und Kakaobutter in den Mixtopf geben und **7 Min./70 °C/Stufe 1** erhitzen.
- Das Pfefferminzöl hinzufügen und alles **10 Sek./Stufe 3** miteinander mischen.
- Den Lippenbalsam in gewünschte Behälter abfüllen und diese gut verschließen.
- Kühl gelagert ist der Balsam 4–6 Monate haltbar.

Lippenbalsam mit Kakaobutter

5 Lippen-stifthülsen	♛	18 Min.	10 Min.

5 g Bienenwachs (alternativ: Carnaubawachs), ¼ TL (3 g) Honig, 10 g Mandelöl, 10 g Sheabutter (raffiniert), 5 g Kakaobutter, 3 Tropfen Vitamin-E-Öl, etwas Vanillepulver
Außerdem: saubere, gut verschließbare Behälter Ihrer Wahl zum Abfüllen, z. B. Lippenstifthülsen

- Das Bienenwachs bzw. Carnaubawachs und den Honig in den Mixtopf geben und **10 Min./70 °C/Stufe 1** erhitzen.
- Mandelöl, Sheabutter und Kakaobutter dazugeben und alles **3 Min./37 °C/Stufe 1** schmelzen.
- Vitamin-E-Öl und Vanillepulver hinzufügen und **10 Sek./Stufe 1** untermischen.
- Die Masse in kleine Tiegel oder Lippenstifthülsen füllen und aushärten lassen. Erst nach dem Erkalten die Deckel daraufsetzen.
- Kühl gelagert ist der Lippenbalsam 2–4 Monate haltbar.

◂ *Schoko-Mint-Lippenbalsam*

Jojoba-Lippenbalsam

5 Lippen-stifthülsen		*12 Min.*	*7 Min.*

5 g Bienenwachs (alternativ: Carnaubawachs), 5 g Kakaobutter, 10 g Sheabutter, 5 g Honig, 1 Prise Vanillepulver, 10 g Jojobaöl
Außerdem: 5 Lippenstifthülsen

- Bienenwachs bzw. Carnaubawachs, Kakaobutter, Sheabutter, Honig und Vanillepulver in den Mixtopf geben und **7 Min./70 °C/Stufe 2** erhitzen.
- Das Jojobaöl dazugeben und alles **30 Sek./Stufe 3** miteinander mischen.
- Die Mischung in die Lippenstifthülsen geben und aushärten lassen.
- Kühl gelagert ist der Lippenbalsam ca. 3 Monate haltbar.

Tipp: Wenn Sie die Lippenstifthülsen aufrecht stehend mit einem Gummiband fixieren, wird das Einfüllen des Lippenbalsams einfacher.

Kokos-Lippenbalsam

5 Lippen-stifthülsen		*10 Min.*	*6 Min.*

15 g Kokosöl, 10 g Bienenwachs (alternativ: Carnaubawachs), ¼ TL (3 g) Honig, 5 g Mandelöl, 10 Tropfen ätherisches Lavendelöl
Außerdem: 5 Lippenstifthülsen

- Das Kokosöl und das Bienenwachs bzw. Carnaubawachs **6:30 Min./65 °C/Stufe 1** erhitzen.
- Honig und Mandelöl hinzugeben und alles **20 Sek./Stufe 2** miteinander mischen.
- Die Mischung in die Lippenstifthülsen geben und aushärten lassen.
- Kühl gelagert ist der Lippenbalsam ca. 3 Monate haltbar.

Tipp: Dieser Kokos-Lippenbalsam zieht gut ein, pflegt Ihre Lippen weich und schützt sie vor Rissen und Trockenheit.

Vanille-Lippenbalsam

1 kleine Dose à 20 ml | *8 Min.* | *6 Min.*

5 g Kokosöl, 5 g Sheabutter, 5 g Bienenwachs (alternativ: Carnaubawachs), ¼ Vanillestange
Außerdem: 1 kleine, gut verschließbare Dose (vorher gründlich mit heißem Wasser reinigen und trocknen)

- Kokosöl, Sheabutter und Bienenwachs bzw. Carnaubawachs **6 Min./65 °C/Stufe 1** erhitzen.
- In der Zwischenzeit die Vanillestange vierteln und längs aufschneiden. Das Mark mit einem Messer herauskratzen und in den Mixtopf zu den restlichen Zutaten geben.
- Alle Zutaten **20 Sek./Stufe 3** vermischen und in das Döschen umfüllen.
- Kühl gelagert ist der Lippenbalsam ca. 3 Monate haltbar.

Anwendung: Sobald der Balsam abgekühlt ist, kann er wie jede andere Lippencreme mit dem Finger auf den Lippen verrieben werden.

Für 3–6 Anwendungen | *3 Min.*

Zahnpulver mit Minze und Salbei

4 Nelken, 5 g getrocknete Minze, 5 g getrockneter Salbei, ½ TL getrocknete Kamille, ½ TL Kurkuma, ¼ TL Natron (Backsoda), 1 Prise Natursalz, 3 Prisen Zimt

- Alle Zutaten in den Mixtopf geben und **30 Sek./Stufe 10** mahlen.
- Das Pulver in ein verschließbares Glas umfüllen.
- Das Zahnpulver ist 4–6 Wochen haltbar.

Anwendung: Etwas Pulver auf die feuchte Zahnbürste streuen und die Zähne wie gewohnt putzen.

Tipp: Dieses Kräuterzahnpulver können Sie regelmäßig für Ihre Zahnpflege verwenden: Nelke, Minze, Salbei und Zimt wirken antibakteriell und entzündungshemmend, Kamille beruhigt, Kurkuma besitzt antioxidative Eigenschaften, während Natron für einen angenehmen pH-Wert im Mund sorgt. Alle Zutaten sollten möglichst aus biologischem Anbau stammen.

Sanfte Wimpernpflege

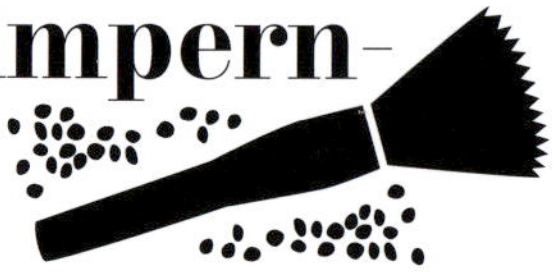

1 Schraubglas à 40 g		*8 Min.*	*6 Min.*

15 g Bio-Kokosöl, 5 g Bienenwachs (alternativ: Carnaubawachs), 15 g Mandelöl, 5 g Aloe-Vera-Gel

- Kokosöl und Bienenwachs bzw. Carnaubawachs **6 Min./55 °C/Stufe 1** erhitzen.
- Mandelöl und Aloe-Vera dazugeben und alles **8 Sek./Stufe 4** verrühren.
- Die Masse in einen verschließbaren Behälter Ihrer Wahl füllen.
- Während des Härtungsvorgangs den Behälter mehrmals kräftig schütteln, damit sich keine Komponente am Boden absetzt. So bleibt alles gut vermischt.
- Die Wimpernpflege ist kühl, dunkel und gut verschlossen gelagert etwa 6–8 Wochen haltbar.

Anwendung: Diese DIY-Wimpernpflege kann wie eine herkömmliche Wimperntusche angewendet werden. Die kleinen Wimpernbürstchen, die man zum Auftragen verwendet, gibt es im Handel zu kaufen. Drehen Sie die Bürste leicht über die Wimpernpflege. Falls Sie zu viel davon aufgenommen haben, streifen Sie das Bürstchen an einem Kosmetiktuch leicht ab und benetzen Sie dann die Wimpern, wie beim normalen Wimperntuschen. Diese Wimpernpflege ist auch für Kontaktlinsenträgerinnen geeignet.

Tipp: Achten Sie bitte darauf, die Bürste nach jedem Gebrauch gründlich mit ein wenig warmem Wasser zu reinigen, damit sich keine Bakterien oder Keime ansiedeln können.

Für
Dich

Masken & Peelings

Gesichtsmasken und -peelings sind die schnellen Schönmacher unter den Kosmetikprodukten! Sie sorgen für eine Extraportion Pflege und lassen die Haut durch feuchtigkeitsspendende Wirkstoffe innerhalb weniger Minuten frischer und glatter aussehen. Peelings regen durch kleine Partikel, etwa Meersalz oder Mohn, zusätzlich die Durchblutung der Haut an, entfernen abgestorbene Hautschüppchen und lassen Ihren Teint erstrahlen.
Gleichzeitig bieten die selbst gemachten Beauty-Produkte Gelegenheit für eine willkommene Auszeit. Also: Fix einige natürliche Zutaten, z. B. frische Früchte und Honig, mit dem Thermomix angerührt, auf Gesicht und Dekolleté verteilt und dann zum Entspannen und Genießen in die Badewanne!
Und bitte dran denken: Selbst gemachte Masken und Peelings aus frischen Zutaten enthalten keinerlei Konservierungsstoffe. Daher sollten sie möglichst noch am selben Tag verwendet werden.

Fruchtige Gesichtsmaske

Für 1 Anwendung		*3 Min.*

2 Eiweiß, 5 g Zitronensaft, 30 g Honig, 5 Erdbeeren

- 2 Eier trennen, das Eiweiß in den Mixtopf geben.
- Zitronensaft, Honig und gewaschene Erdbeeren hinzufügen und alles **20 Sek./Stufe 8–10** mixen.

Anwendung: Die Mischung auf das zuvor gereinigte Gesicht auftragen, etwa 10 Minuten einwirken lassen, sanft einmassieren, dann mit lauwarmem Wasser abspülen.

Tipp: Erdbeeren sind wahre Beauty-Früchtchen: Sie enthalten Salicylsäure, die Ihre Haut porentief reinigt und kleine Hornschüppchen abträgt. Vitamin C und die vielen Mineralstoffe in den Erdbeeren haben einen Anti-Aging-Effekt auf die Haut und sorgen für einen strahlenden Teint.

▸ *Fruchtige Gesichtsmaske*

Honig-Kokos-Maske

Für 1 Anwendung		2 Min.

10 g Honig, 10 g Kokosöl

• Honig und Kokosöl in den Mixtopf geben und **10 Sek./Stufe 2** miteinander mischen.

Anwendung: Die Mischung auf das zuvor gereinigte Gesicht auftragen und ca. 15 Minuten einwirken lassen. Anschließend die Maske mit lauwarmem Wasser gründlich abspülen.

Tipp: Diese reichhaltige Gesichtsmaske pflegt Ihre Haut wunderbar weich. Das Kokosöl mit seinen Vitaminen, Mineralien und Antioxidantien versorgt Ihre Haut nicht nur mit Feuchtigkeit, sondern auch mit allen Nährstoffen, die ihr helfen, lange glatt und schön zu bleiben. Die in Kokosöl enthaltene Laurinsäure wirkt zusätzlich der Faltenbildung entgegen.

Für 1 Anwendung		2 Min.

Anti-Aging-Gesichtsmaske

1 Messerspitze Agar-Agar-Pulver, 1 Eigelb, 5 g Honig, 5 g Wasser

• Alle Zutaten in den Mixtopf geben und **10 Sek./Stufe 8** miteinander mischen. Falls die Konsistenz der Masse zu fest zum Auftragen ist, gegebenenfalls noch etwas Wasser hinzufügen und alles nochmals **10 Sek./Stufe 8** vermischen.

Anwendung: Die fertige Gesichtsmaske etwas quellen lassen. Anschließend auf das Gesicht auftragen (Augenpartie aussparen) und 10 Minuten einwirken lassen. Danach die Maske mit einem feuchten Waschlappen abnehmen und die Reste gut abwaschen.

Tipp: Diese Maske ist ein wahrer Anti-Aging-Kick! Dies liegt an den wertvollen Inhaltsstoffen des Agar-Agar, die die Haut straffen und beleben. Agar-Agar wird aus Algen gewonnen und verwandelt sich, mit Wasser vermengt, zu einem idealen Gel für diese selbst gemachte Gesichtsmaske. Das Eigelb spendet Ihrer Haut zusätzlich viel Feuchtigkeit.

Apfel-Honig-Maske

Für 1 Anwendung		5 Min.	3 Min.

1 Bio-Apfel (mit ungewachster Schale), 25 g Honig

- Den Apfel waschen, vierteln und entkernen.
- Den Honig in den Mixtopf geben und **3 Min./37 °C/ Stufe 1** erwärmen.
- Die Apfelviertel dazugeben und **10 Sek./Stufe 8** zerkleinern.

Anwendung: Die Apfel-Honig-Paste auf das zuvor gereinigte Gesicht auftragen und ca. 10 Minuten einwirken lassen. Kurz einmassieren und anschließend mit lauwarmem Wasser abspülen.

Tipp: Diese Gesichtsmaske ist ein Akne-Killer: Die im Apfel enthaltene Fruchtsäure sorgt dafür, dass die oberen Hautschüppchen entfernt werden, Pektine verbessern die Feuchtigkeitsaufnahme der Haut. Honig wiederum beruhigt die Haut und ist durch seine antibakterielle Wirkung besonders gegen Pickel und fettige, unreine Haut wirksam.

Für 1 Anwendung		5 Min.	3 Min.

Apfel-Mohn-Peeling

½ Bio-Apfel (mit ungewachster Schale), 10 g Honig, 10 g Mohnkörner

- Den Apfel waschen, vierteln und entkernen.
- Den Honig in den Mixtopf geben und **3 Min./37 °C/ Stufe 1** erwärmen.
- Die Apfelviertel zum Honig geben und **10 Sek./ Stufe 8** zerkleinern.
- Die Mohnkörner hinzufügen und alles **10 Sek./ Linkslauf Stufe 3** vermischen.

Anwendung: Die Masse auf das Gesicht auftragen, ca. 15 Minuten einwirken lassen und kurz einmassieren. Mit lauwarmem Wasser abspülen. Dieses Peeling ist eine wunderbare Kombination von Peeling und pflegender Maske zugleich!

Tipp: Selbst gemachte Masken aus frischen Zutaten sollten möglichst schnell verarbeitet und noch am selben Tage verwendet werden. Generell sollten Sie sie maximal 1 Tag im Kühlschrank aufbewahren!

Exotisches Gesichtspeeling

Für 1 Anwendung		3 Min.

50 g Banane, 100 g reife Papaya, 10 g Honig

- Die Banane und das Fruchtfleisch der Papaya in den Mixtopf geben und **8 Sek./Stufe 8** mischen.
- Anschließend den Honig dazugeben und alles nochmals **10 Sek./5 Stufe** mixen.

Anwendung: Die Mischung auf das Gesicht auftragen, ca. 6 Minuten einwirken lassen und kurz einmassieren. Mit lauwarmem Wasser abspülen.

Tipp: Ihre trockene Haut verträgt keine Peelings mit Schleifkörpern? Dann ist ein sanftes, schonendes Enzympeeling die optimale Lösung. Enzyme kommen auch in Obst vor und lösen abgestorbene Hautzellen schonend ab – ohne Ihre Haut zu reizen oder zusätzlich auszutrocknen. Das Enzym Papain steckt – wie der Name schon sagt – in Papayas. Als Peeling-Grundstoff sind die exotischen Früchte also hervorragend geeignet. Ihre milde Säure wirkt zusätzlich glättend und straffend.

◂ *Exotisches Gesichtspeeling*

Für 3–4 Anwendungen		7 Min.	4 Min.

Kokos-Meersalz-Peeling

30 g Kokosöl, 30 g grobkörniges Meersalz,
30 g feines Meersalz
Außerdem: 1 Schraubglas

- Das Kokosöl in den Mixtopf geben und **4 Min./ 40 °C/Stufe 1** erhitzen. Das Öl anschließend ein wenig abkühlen lassen, da sich das Salz sonst schnell auflöst.
- Das Salz dazugeben und alles **10 Sek./Linkslauf Stufe 4** vermischen.
- Das Peeling in ein sauberes Schraubglas umfüllen und im Kühlschrank fest werden lassen.

Anwendung: Massieren Sie das Peeling in die Gesichtshaut ein (Augenpartie aussparen) und lassen Sie es ca. 5 Minuten einwirken. Im Anschluss an die Einwirkzeit nochmals sanft einmassieren, dann das Peeling mit lauwarmem Wasser gründlich abspülen.

Tipp: Stellen Sie immer nur eine kleine Menge von diesem Peeling her. Wenn Sie es im Kühlschrank lagern, hält es sich etwa 4–6 Wochen.

Bade-zusätze

Sommerblüten-Badesalz

10–15 Vollbäder	♛	3 Min.

55 g getrocknete Rosenblüten, 55 g getrocknete Kamillenblüten, 440 g Meersalz, 5 g Mandelöl, je 10 Tropfen Lavendel-, Weihrauch- und Purification-Öl
Außerdem: 1 Schraubglas

Was gibt es Schöneres, als sich nach einem langen Arbeitstag, wenn es draußen kalt und ungemütlich ist, in die warme Badewanne zu legen? Sie entspannen bei Kerzenschein und schöner Musik in einem duftenden Aromabad, während Ihre Haut alles bekommt, was sie zum Schönsein braucht: Rückfettende Öle pflegen sie wunderbar weich, mineralstoffreiche Salze wirken beruhigend und festigen das Bindegewebe. Blütenblätter und den dazugehörigen Duft suchen Sie nach Lust und Laune aus.
Wenn Sie eher einen kleinen Energie-Kick brauchen, empfehle ich Ihnen die selbst gemachten Duschbonbons mit einem belebenden ätherischen Öl. Stellen Sie mit dem Thermomix Ihre eigenen Mischungen her und machen Sie Ihren Freundinnen damit eine Freude. Oder auch Ihren Freunden – Sie brauchen nur den passenden Duft dazu.

- Die Rosen-und Kamillenblüten in den Mixtopf geben und **10 Sek./Stufe 10** mahlen.
- Die restlichen Zutaten hinzufügen und alles **15 Sek./Linkslauf Stufe 3** miteinander mischen.
- Das Salz in das Schraubglas füllen.
- Das Sommerblüten-Badesalz ist etwa 4–6 Wochen haltbar.

Anwendung: 3 Esslöffel Badesalz reichen für ein Vollbad.

Tipp: Achten Sie bei der Anwendung darauf, dass kein Wasser in das Glas kommt. Vorsicht bei offenen Hautstellen – der Kontakt mit dem Badesalz kann hier ein brennendes Gefühl verursachen.

▸ *Sommerblüten-Badesalz*

Grundrezept für Badesalz

10–12 Vollbäder		*3 Min.*

500 g Totes-Meer-Salz, 1 bis 3 EL getrocknete Blüten oder Kräuter, 3–5 Tropfen ätherische Öle Ihrer Wahl (siehe unten)
Außerdem: 1 Schraubglas

- Das Salz in den Mixtopf geben.
- Die getrockneten Blüten und Kräuter und die verschiedenen ätherischen Öle dazugeben und alles **30 Sek./Linkslauf Stufe 2–3** miteinander mischen.
- Die Salzmischung in das Schraubglas füllen.
- Das Badesalz ist etwa 4–6 Wochen haltbar.

Anwendung: 3 Esslöffel Badesalz reichen für ein Vollbad.

Variante: Mischen Sie Ihren Lieblingsduft ins Badesalz und lassen Sie sich verwöhnen!
Für ein **orientalisches Salz** mischen Sie 3 Tropfen Sandelholz, 1 Tropfen Yasmin und 1 Tropfen Ylang-Ylang.

Für ein **erfrischendes Salz** 2 Tropfen Pfefferminz, 2 Tropfen Cajeput und 1 Tropfen Orange.
Für ein **harmonisierendes Salz** 2 Tropfen Geranium, 2 Tropfen Sandelholz und 1 Tropfen Rose.
Ein **entspannendes Salz** erhalten Sie, wenn Sie 3 Tropfen Lavendel und 2 Tropfen Muskatellersalbei mischen.

Tipp: Wenn Sie das Badesalz verwenden, achten Sie darauf, dass kein Wasser in das Glas kommt. Vorsicht bei offenen Hautstellen – der Kontakt mit dem Badesalz kann ein brennendes Gefühl verursachen.

5–6 Vollbäder | *2 Min.*

Orangen-Badesalz

Getrocknete Schale von 1 Bio-Orange, 200 g Meersalz
Außerdem: 1 Schraubglas

- Die Orangenschale in den Mixtopf geben und **5 Sek./Stufe 6** zerkleinern.
- Meersalz hinzufügen und beides **10 Sek./Linkslauf Stufe 3** miteinander mischen.
- Die Mischung in ein Schraubglas umfüllen.
- Das Badesalz ist etwa 4–6 Wochen haltbar.

Anwendung: 3 Esslöffel Orangen-Badesalz reichen für ein Vollbad. Bei der Anwendung darauf achten, dass kein Wasser in das Glas kommt.

Variante: Statt der Orangenschale können Sie auch andere aromatische Pflanzenzusätze wie etwa getrocknete Rosenblätter, Lavendel oder Rosmarin verwenden.

Tipp: Genießen Sie dieses herrlich duftende Bad etwa 30 Minuten. Anschließend wird sich Ihre Haut samtweich anfühlen.

Kokos-Badekonfekt

10–15 Badekonfekte | *8 Min. + 1 Std. kühlen* | *5 Min.*

220 g Kokosöl, 15 Tropfen ätherisches Öl Ihrer Wahl, z. B. Sandelholz, Geranium oder Lavendel
Außerdem: 1 Eiswürfelbehälter

- Das Kokosöl in den Mixtopf geben und **5 Min./37 °C/Stufe 1** erwärmen, bis es komplett aufgelöst ist.
- Das ätherische Öl dazugeben und beide Öle **10 Sek./Stufe 2** miteinander mischen.
- Das Öl in die Eiswürfelbehälter füllen und bei Zimmertemperatur oder im Kühlschrank abkühlen und fest werden lassen.
- Die Badekonfekte in einen Behälter Ihrer Wahl füllen und kühl lagern, da sich sonst das Kokosöl wieder verflüssigt.
- Die Badekonfekte sind gekühlt etwa 6 Monate haltbar.

Anwendung: Geben Sie ein Badekonfekt ins warme Badewasser und genießen Sie die Entspannung! Ihre Haut wird sich hinterher herrlich weich anfühlen. Bitte die nasse Haut nicht abrubbeln, sondern nur trocken tupfen.

Kokos-Kakaobutter-Badekonfekt

10–15 Stück | *8 Min. + 1 Std. kühlen* | *5 Min.*

110 g Kokosöl, 110 g Kakaobutter, 15 Tropfen ätherisches Öl Ihrer Wahl (Seite 15)
Außerdem: 1 Eiswürfelbehälter

- Das Kokosöl und die Kakaobutter in den Mixtopf geben und **5 Min./37 °C/Stufe 1 erwärmen,** bis beide komplett aufgelöst sind.
- Das ätherische Öl dazugeben und alles **10 Sek./ Stufe 2** miteinander mischen.
- Die Masse in den Eiswürfelbehälter füllen und bei Zimmertemperatur oder im Kühlschrank abkühlen und fest werden lassen.
- Nach dem Abkühlen die Stückchen entnehmen und in einem Behälter Ihrer Wahl aufbewahren – am besten kühl lagern, da sich sonst das Kokosöl wieder verflüssigt.
- Das Badekonfekt ist gekühlt etwa 6 Monate haltbar.

Anwendung: Geben Sie ein Badekonfekt ins warme Badewasser und lassen Sie sich verwöhnen! Ihre Haut wird sich hinterher wunderbar weich anfühlen. Bitte die nasse Haut nach dem Bad nicht abrubbeln, sondern nur trocken tupfen.

◂ *Kokos-Kokaobutter-Badekonfekt*

Badekonfekt mit Sheabutter

10–15 Stück | *8 Min. + 1 Std. kühlen* | *5 Min.*

110 g Kokosöl, 110 g Sheabutter, 15 Tropfen ätherisches Öl Ihrer Wahl (Seite 15)
Außerdem: 1 Eiswürfelbehälter

- Das Kokosöl und die Sheabutter in den Mixtopf geben und **5 Min./37 °C/Stufe 1** erwärmen, bis sie komplett aufgelöst sind. Das ätherische Öl dazugeben und alles**10 Sek./Stufe 2** miteinander mischen.
- Die Mischung in den Eiswürfelbehälter füllen und bei Zimmertemperatur oder im Kühlschrank abkühlen lassen.
- Nach dem Abkühlen die Stückchen entnehmen und in einem Behälter Ihrer Wahl aufbewahren – am besten kühl lagern, da sich sonst das Kokosöl wieder verflüssigt.
- Das Badekonfekt ist gekühlt etwa 6 Monate haltbar.

Anwendung: Geben Sie ein Badekonfekt ins warme Badewasser. Durch die Sheabutter und das Kokosöl wird sich Ihre Haut hinterher wunderbar samtig anfühlen. Bitte die nasse Haut nicht abrubbeln, sondern nur trocken tupfen.

ca. 10 Duschbomben	25 Min. + 10 Std. Trocknen	15 Min.

Eukalyptus-Duschbomben

220 g Backsoda, 20 g Salz, 75 g Zitronensaft, Wasser nach Bedarf, ca. 30 Tropfen Eukalyptus- und 10 Tropfen Pfefferminzöl
Außerdem: 1 Muffin-Backform, etwas Öl zum Einölen der Backform (z. B. Oliven-, Mandel-, oder Kokosöl)

- Backsoda und Salz in den Mixtopf geben und **20 Sek./Stufe 3** vermischen.
- Den Thermomix auf **Stufe 2** zurückschalten und den Zitronensaft nach und nach durch die Mixtopfdeckelöffnung dazugeben. Dabei immer nur wenig Zitronensaft auf einmal in den Mixtopf geben, da die Säure mit dem Backpulver reagiert.
- Den Thermomix weiterlaufen lassen und dabei langsam so viel Wasser esslöffelweise oder mit dem Messbecher hinzufügen, dass ein Teig mit der Konsistenz eines Mürbeteigs entsteht. Die Masse sollte feucht genug sein, um zusammenzuhalten.
- Den Backofen auf 175 °C vorheizen. Die Muffinbackform einfetten.
- Mit einem Esslöffel etwas Teig entnehmen, diesen mit den Händen leicht kneten und dann in eine Mulde der eingeölten Muffin-Backform geben. Diesen Vorgang wiederholen, bis alle Mulden gefüllt sind.
- Die Teiglinge 10–15 Min. im vorgeheizten Backofen backen.
- Die Duschbomben aus der Form nehmen und abkühlen lassen. Auf die noch warmen Duschbomben je 3 Tropfen Eukalyptusöl und 1 Tropfen Pfefferminzöl träufeln, über Nacht trocknen und fest werden lassen.
- In einem luftdichten Behälter Ihrer Wahl aufbewahrt sind die Duschbomben 3–6 Monate haltbar.

Anwendung: Platzieren Sie beim Duschen eine Duschbombe auf dem Wannenboden. Durch den Wasserdampf entsteht ein nach Eukalyptus und Minze duftender Nebel, der bei einer Erkältung die Beschwerden in den Atemwegen und Nebenhöhlen lindert. Übrigens: Sie können die Duschbomben genauso gut auch in der Badewanne nutzen.

Variante: Statt Eukalyptus und Pfefferminze können Sie auch andere ätherische Öle Ihrer Wahl verwenden.

ca. 15 Duschbonbons | *5 Min. + 24 Std. Trocknen*

Duschbonbons

330 g Backsoda, 20 g Tapiokamehl, 70–80 mg Wasser, 15–20 Tropfen ätherisches Öl (Seite 15) nach Wunsch
Außerdem: 1 Muffin-Backform

- Das Backsoda zusammen mit dem Tapiokamehl in den Mixtopf geben und **20 Sek./Stufe 2** vermischen.
- Den Thermomix weiter auf **Stufe 2** laufen lassen und nach und nach das Wasser mit einem Esslöffel oder dem Messbecher durch die Mixtopfdeckelöffnung dazugeben, bis eine dicke Paste entsteht.
- 15–20 Tropfen ätherisches Öl Ihrer Wahl hinzufügen und alles **20 Sek./Stufe 3** miteinander mischen.
- Die Paste in den Mulden einer Muffin-Backform verteilen und 24 Stunden trocknen lassen.
- In einem luftdichten Behälter Ihrer Wahl aufbewahrt sind die Duschbonbons 2–4 Monate haltbar.

Anwendung: Platzieren Sie ein Duschbonbon auf dem Wannenboden. Sobald die Wasserstrahlen auf das Duschbonbon treffen, werden sich die ätherischen Öle im Raum verteilen. Wenn sich das Duschbonbon nicht komplett aufgelöst hat, können Sie es auch in einem Behälter bis zum nächsten Mal aufbewahren.

Wellness-Kräuterfußbad

Für 1 Anwendung | *12 Min + 15 Min. ziehen lassen* | *25 Min.*

10 g getrocknete Kamillenblüten, 10 g getrocknete Lavendelblüten, 10 g Rosmarinblätter, 1000 g Wasser, 5–10 g Honig

- Kamillen- und Lavendelblüten sowie Rosmarinblätter zusammen mit dem Wasser in den Mixtopf geben und **10 Min./100 °C/Linkslauf Stufe 1** erhitzen.
- Den Messbecher aus dem Mixtopfdeckel nehmen und die Mischung ca. 15 Minuten ziehen lassen.
- Den Honig dazugeben und alles **30 Sek./Linkslauf Stufe 2** miteinander mischen.

Anwendung: Die Blüten- und Blättermischung in eine Fußbadewanne umfüllen und ungefähr die gleiche Menge Wasser in der gewünschten Temperatur hinzufügen. Die Füße 10–20 Minuten darin baden und entspannen.

Tipp: Dieses Fußbad ist besonders wohltuend für Schwangere, denn im Laufe der Schwangerschaft nimmt die Belastung der Füße zu.
Verwöhnen Sie Ihre Füße anschließend mit einem Meersalz-Fußpeeling (Seite 69) und einer Kokosöl-Bananen-Packung (Seite 69).

Haarpflege

Honig-Ei-Shampoo

Für 1 Anwendung		3 Min.

10 g Honig, 1 Ei, 10 g Olivenöl, Saft von ½ Zitrone

Was ist das Geheimnis schöner Haare? Alles, was Sie brauchen, um Ihr Haar zu kräftigen und ihm seidigen Glanz zu verleihen, finden Sie in Ihrer Küche: Natürliche Zutaten wie Honig, Ei, Avocado, Zitrone und Olivenöl besitzen tolle pflegende Wirkstoffe, die Haar und Kopfhaut verwöhnen – ob als Shampoo oder als reichhaltige Haarkur. Mit dem Thermomix sind die Produkte ganz schnell angerührt. Zum Einwirken sollten Sie sich dann etwas Zeit nehmen, damit sich die Pflegestoffe voll entfalten können. Also eine Beauty-Haarkur am besten für den Abend oder das Wochenende einplanen.

- Den Honig in den Mixtopf geben und **2 Min./37 °C/ Stufe 1** erwärmen.
- Das Ei, das Olivenöl und den Zitronensaft hinzufügen und alles**10 Sek./Stufe 3** vermischen.

Anwendung: Das Shampoo im feuchten Haar verteilen und in die Kopfhaut einmassieren. Nach einer kurzen Einwirkzeit gründlich ausspülen. Bei der Anwendung bildet sich kein Schaum, aber Ihr Haar wird gründlich gereinigt und anschließend wunderbar glänzend. Aufgrund seiner pflegenden Substanzen ist das Shampoo besonders für trockenes Haar geeignet.

▸ *Honig-Ei-Shampoo*

Basis-shampoo

Ergibt 680 ml		10 Min.	8 Min.

50 g Kastanienmehl, 625 g Wasser, 15–20 Tropfen ätherische Öle nach Wahl oder bis zu 4 EL getrocknete Kräuter nach Wahl, 3 g Xanthan oder Pfeilwurzelstärke

- Alle Zutaten bis auf das Xanthan in den Mixtopf geben und **8 Min./50 °C/Linkslauf Stufe 2** erwärmen.
- Die Masse durch ein sehr feines Sieb geben.
- Die Flüssigkeit zusammen mit dem Xanthan in den Mixtopf geben und **30 Sek./Stufe 4** vermischen.
- Das Shampoo in eine große Flasche abfüllen.
- Gut gekühlt ist das Shampoo ca. 1 Woche haltbar.

Anwendung: Das Shampoo auf die Haare auftragen, 5 Minuten einwirken lassen, dann ausspülen.

Tipp: Die ätherischen Öle oder die Kräuter wählen Sie je nach individuellem Haartyp:
Bei fettigem Haar: Thymian, Lavendel, Teebaumöl; **bei trockenem Haar:** Rosmarin, Geranie, Karottenkernöl, Sandelholz; **bei normalem Haar:** Petersilie, Eukalyptus; **bei Schuppen:** Basilikum, Limone, Pfefferminze.
In kleine Portionen abgefüllt, können Sie das Shampoo auch einfrieren.

Für 1 Anwendung		2 Min.

Repair-Haarkur

½ Banane, 20 g Honig, 40 g Olivenöl (oder auch Kokos-, Mandel-, Avocado- oder Jojobaöl), nach Belieben je 2 Tropfen Zedernholz- und Lavendelöl (Seite 15)

- Alle Zutaten in den Mixtopf geben und **20 Sek./Stufe 4** zu einer cremigen Masse verrühren.

Anwendung: Die Masse im gewaschenen, handtuchtrockenen Haar verteilen und in die Kopfhaut einmassieren. Ca. 30 Minuten einwirken lassen. Um Tropfen zu vermeiden, umwickeln Sie Ihr Haar mit einem Handtuch oder tragen Sie eine Duschhaube. Anschließend alles gründlich auswaschen.

Tipp: Diese Haarkur ist ideal, wenn Sie stark beanspruchtes oder zu Spliss neigendes Haar haben.

Guacamole-Haarkur

Für 1 Anwendung		3 Min.

1 reife Avocado, 10 g frischer Zitronensaft, 10 g Meersalz, 10 g Aloe-Vera-Gel

- Die Avocado halbieren, entkernen und das Fruchtfleisch entnehmen.
- Alle Zutaten in den Mixtopf geben und **20 Sek./Stufe 5** mixen.
- Falls die Konsistenz der Masse noch nicht richtig cremig ist, diesen Schritt wiederholen.

Anwendung: Die Masse ins gewaschene, handtuchtrockene Haar geben und in die Kopfhaut einmassieren. Das Haar mit einem Handtuch umwickeln und die pflegenden Substanzen ca. 30 Minuten einwirken lassen. Anschließend alles gründlich auswaschen.

Tipp: Diese Haarkur mit Avocado und Aloe-Vera spendet strapaziertem Haar viel Feuchtigkeit und bringt es wieder zum Glänzen.

Kokos-Honig-Haarkur

Für 1 Anwendung		3 Min.	2 Min.

10 g Honig, 10 g Kokosöl

- Honig und Kokosöl in den Mixtopf geben und **2 Min./37 °C/Stufe 1** erwärmen.

Variante: Die Masse im gewaschenen, handtuchtrockenen Haar, insbesondere an den Haarspitzen, verteilen und leicht in die Kopfhaut einmassieren. Das Haar mit einem Handtuch umwickeln und die Kur ½-1 Stunde einwirken lassen. Anschließend die Haare wie gewohnt waschen.

Tipp: Diese Haarkur ist ideal bei trockenem oder leicht strapaziertem Haar.

Körperpflege

Zitrus-Körpersahne

Für 2–3 Anwendungen		7 Min.	5 Min.

30 g Kokosöl, 30 g Kakaobutter, 15–30 Tropfen ätherisches Orangen- oder Zitronenöl

Mit dem Thermomix können Sie Ihr ganz persönliches Body-Verwöhnprogramm starten: Cremig aufgeschlagene Körpersahne, reichhaltige Körperbutter und Massageöle – auch speziell für die Schwangerschaft – tun Ihrer Haut nach dem Duschen und Baden einfach gut. Wertvolle Rohstoffe wie Shea- oder Kakaobutter wirken rückfettend, sorgen für viel Feuchtigkeit und ein wunderbar sanftes Hautgefühl. Auch Kokosöl ist für viele Körperpflegeprodukte ein unverzichtbarer Bestandteil und aufgrund seiner pflegenden und heilenden Eigenschaften für jeden Hauttyp geeignet. Und natürlich finden Sie auf den folgenden Seiten auch das passende Deo für sich – garantiert ohne Aluminium. Der Vorteil beim Selbermixen: Sie können hier nach Lust und Laune mit Ihren Lieblingsdüften experimentieren. Schnuppern Sie mal!

- Das Kokosöl und die Kakaobutter in den Mixtopf geben und **5 Min./50 °C/Stufe 1** erwärmen.
- Die Masse so lange abkühlen lassen, bis sie nahezu fest ist.
- Die abgekühlte Masse und das ätherische Öl in den Mixtopf geben und nochmals alles **30 Sek./Stufe 4** aufschlagen.
- Die Masse in einen luftdicht verschließbaren Behälter Ihrer Wahl umfüllen.
- Bei Raumtemperatur hält sich diese Körpersahne bis zu 6 Monaten.

Anwendung: Wie eine Bodylotion auf die Haut auftragen und leicht einmassieren.

▸ *Zitrus-Körpersahne*

Chocolate-Körpersahne

Für 2–3 Anwendungen		7 Min. + 2 Std. kühlen	5 Min.

50 g Kakaobutter, 50 g Kokosöl, 10 g ungesüßter Kakao, 5 Tropfen Vitamin-E-Öl

- Kakaobutter und Kokosöl in den Mixtopf geben und **5 Min./50 °C/Stufe 1** erwärmen.
- Den Mixtopfinhalt in einen Behälter füllen, die Masse abkühlen lassen und den Behälter in den Kühlschrank stellen, bis die Mischung nahezu fest ist.
- Die Masse wieder in den Mixtopf geben und **30 Sek./Stufe 4** aufschlagen.
- Kakaopulver dazugeben und alles **10 Sek./Stufe 3** miteinander mischen.
- Die Masse in einen luftdichten Behälter Ihrer Wahl umfüllen.
- Bei Raumtemperatur hält sich diese Körpersahne bis zu 6 Monaten.

Anwendung: Wie eine Bodylotion auf die Haut auftragen, leicht einmassieren und die tiefenwirksame Pflege auf der Haut genießen.
Bitte beachten Sie, dass es durch den Kakao zu leichten Abfärbungen auf die Kleidung kommen kann.

Für 8–10 Anwendungen		7 Min. + ½ Std. kühlen	5 Min.

Pfefferminz-Körpersahne

110 g Mangobutter, 110 g Sheabutter, 110 g Kokosöl, 110 g Mandel- oder Olivenöl, 15–20 Tropfen ätherisches Pfefferminzöl

- Mangobutter, Sheabutter, Kokos- und Mandelöl in den Mixtopf geben und **5 Min./50 °C/Stufe 1** erwärmen.
- Den Mixtopfinhalt in einen Behälter umfüllen und abkühlen lassen, bis sie nahezu fest ist.
- Die abgekühlte Masse zusammen mit dem Pfefferminzöl in den Mixtopf geben und alles **30 Sek./Stufe 4** aufschlagen.
- Die Körpersahne in einen verschließbaren, luftdichten Behälter umfüllen.
- Bei Raumtemperatur hält sich diese Körpersahne bis zu 6 Monaten.

Anwendung: Wie eine Bodylotion auf die Haut auftragen, leicht einmassieren und die erfrischende Pflege auf der Haut genießen.

Mandel-Körpersahne

Für 4–6 Anwendungen | *7 Min. + 1 Std. kühlen* | *5 Min.*

75 g Kakaobutter, 75 g Sheabutter, 75 g Kokosöl, 70 g Mandelöl, 15–30 Tropfen ätherisches Öl Ihrer Wahl (Seite 15)

- Kakaobutter, Sheabutter und Kokosöl in den Mixtopf geben und **5 Min./50 °C/Stufe 1** erwärmen.
- Den Mixtopfinhalt in einen Behälter umfüllen und etwas abkühlen lassen.
- Den Behälter für ca. 1 Stunde in den Kühlschrank stellen, bis die Mischung eine geschmeidige Konsistenz hat.
- Die Körperbutter wieder in den Mixtopf geben und **40 Sek./Stufe 4** aufschlagen.
- Ätherisches Öl Ihrer Wahl dazugeben und alles **30 Sek./Stufe 4** vermischen.
- Die Masse in einen luftdichten Behälter umfüllen.
- Bei Raumtemperatur hält sich die Körpersahne bis zu 6 Monate.

Anwendung: Wie eine Bodylotion auf die Haut auftragen und leicht einmassieren. Diese feuchtigkeitsspendende Körpersahne ist ideal für sensible Haut.

Wildrosen-Massagebutter

Für 10–12 Anwendungen | *9 Min. + 1 Std. kühlen* | *7 Min.*

25 g Jojobaöl, 10 g Mandelöl, 30 g Mangobutter, 30 g Sheabutter, 20 g Kakaobutter, 5 g Wildrosenöl, 2–3 Tropfen ätherisches Mandarinen- oder Orangenöl

- Jojoba- und Mandelöl im Mixtopf **4 Min./40 °C/Stufe 1** sanft erhitzen.
- Mango-, Shea- und Kakaobutter dazugeben und **3 Min./40 °C/Stufe 2** schmelzen lassen.
- Wildrosenöl einwiegen, Mandarinenöl dazugeben und alles **5 Sek./Stufe 4** vermischen.
- Den Inhalt in kleine Formen füllen und für mindestens 1 Stunde kühlstellen.
- Nach dem Aushärten die Massagebutter in einen beliebigen Behälter füllen und kühl aufbewahren.
- Bei Raumtemperatur hält sich diese Massagebutter bis zu 6 Monate.

Anwendung: Die Massagebutter sanft über die Haut gleiten lassen und einmassieren. Bitte kühl lagern, da sie ab 17 Grad schmelzen kann.

Tipp: Diese Massagebutter enthält viele wichtige Vitamine und steigert nach dem Baden oder Duschen Ihr Wohlbefinden. Um ihre Haltbarkeit zu verlängern, können Sie die Massagebutter auch einfrieren.

Für 5–7 Anwendungen	7 Min. + 1 Std. kühlen	5 Min.

Anti-Stress-Körperbutter

110 g Kakaobutter, 110 g Kokosöl, 110 g Magnesiumöl (Seite 80), 10–15 Tropfen ätherisches Öl Ihrer Wahl (z. B. Lavendel, Zedernholz oder Weihrauch)

- Kakaobutter und Kokosöl in den Mixtopf geben und **5 Min./50 °C/Stufe 1** erwärmen.
- Das Magnesiumöl dazugeben und alles **10 Sek./Stufe 5** vermischen.
- Die Masse in einen Behälter umfüllen und so weit abkühlen lassen, dass sie nahezu fest ist.
- Die abgekühlte Körperbutter zusammen mit den ätherischen Ölen in den Mixtopf geben und alles nochmals **30 Sek./Stufe 4** aufschlagen.
- Die Körperbutter in einen luftdichten Behälter Ihrer Wahl umfüllen.
- Bei Raumtemperatur hält sie sich bis zu 6 Monate.

◂ *Anti-Stress-Körperbutter*

Anwendung: Gönnen Sie sich täglich eine kleine Auszeit und reiben Sie abends Ihren Bauch und die Füße mit dieser beruhigenden Magnesium-Körperbutter ein.

Tipp: Wenn Sie einen turbulenten Tag hinter sich haben und sich ein wenig Ruhe gönnen möchten, ist diese Magnesium-Körperbutter ideal: Magnesium wirkt muskelentspannend und schmerzlindernd, ätherische Öle wie Lavendel und Weihrauch beruhigen und tragen zusätzlich zur Entspannung bei.

Schwangerschaftsmassageöl Lavendel

Für ca. 10 Anwendungen		3 Min.

50 g Zitrusöl (stärkt die Gefäßwände), 50 g Lavendelöl (beruhigend), 50 g Kamillenöl (beruhigend), 50 g Calendulaöl (heilend)

- Alle Zutaten in den Mixtopf geben und **15 Sek./Stufe 3** vermischen.
- Die Ölmischung in eine Flasche umfüllen.
- Vor Gebrauch schütteln.
- Das Öl ist 4–6 Monate haltbar.

Anwendung: Tragen Sie das Öl großzügig auf den Bauch auf und massieren Sie es mit kreisenden Bewegungen sanft ein.

Variante: Sie möchten lieber eine Salbe? Dann geben Sie zusätzlich zum Ölgemisch 5 g Bienenwachs in den Mixtopf und erhitzen Sie alles **7 Min./65 °C/Stufe 2.** In Gläser umfüllen und vor der ersten Anwendung mehrere Stunden durchhärten lassen.

Tipp: Fangen Sie am besten schon früh in der Schwangerschaft an, Ihren Bauch regelmäßig einzuölen, damit die Haut elastisch bleibt. Dieses Öl riecht sehr angenehm und fühlt sich überhaupt nicht klebrig an.

Für 3–5 Anwendungen		13 Min.	11 Min.

Schwangerschaftsmassageöl Mandel-Kokos

10 g Bienenwachs (alternativ: Carnaubawachs), 20 g Kokosöl, 20 g Mandelöl, 20 g Kakao- oder Sheabutter, 15 g Vitamin-E-Öl

- Das Bienenwachs bzw. Carnaubawachs in den Mixtopf geben und **6 Min./65 °C/Stufe 1,5** erwärmen.
- Kokosöl, Mandelöl und Kakaobutter in den Mixtopf einwiegen und **5 Min./37 °C/Stufe 1,5** erwärmen.
- Die Ölmischung **30 Sek./Stufe 3** verrühren und dabei durch die Mixtopfdeckelöffnung die Vitamin-E-Tropfen dazugeben.
- Das Öl in einen luftdicht verschließbaren Behälter umfüllen und aufbewahren.
- Das Schwangerschaftsöl ist bis zu 6 Monate haltbar.

Anwendung: Tragen Sie das Öl großzügig auf den Bauch auf und massieren Sie es mit kreisenden Bewegungen sanft ein. Was gibt es Schöneres, als dem Baby von Anfang an so viel zärtliche Aufmerksamkeit zu schenken?

▸ *Schwangerschaftsmassageöl Lavendel*

Massageöl
Lavendel

Massagebarren mit Sheabutter

Für 3–5- Anwendungen	Schwierigkeit	8 Min. + 2 Std. Aushärten	6 Min.

50 g Bienenwachs (alternativ: Carnaubawachs), 50 g Sheabutter, 50 g Aprikosenkernöl, 10 Tropfen ätherisches Öl Ihrer Wahl (Seite 15), 30 g Massagepartikel, z. B. ganze Kaffeebohnen

- Bienenwachs und Sheabutter in den Mixtopf geben und **6 Min./65 °C/Stufe 1,5** erwärmen.
- Aprikosenkernöl und ätherisches Öl hinzufügen und alles **10 Sek./Stufe 2** vermischen.
- Den Boden einer flachen Silikonform oder einer anderen Form mit den Massagepartikeln bedecken. Die geschmolzene Masse in die Form gießen.
- Die Masse ca. 2 Stunden aushärten lassen, dann den Barren vorsichtig aus der Form lösen.
- Den Massagebarren in einen luftdichten Behälter umfüllen.
- An einem kühlen, trockenen Ort aufbewahrt ist der Massagebarren bis zu 3 Monate haltbar.

Anwendung: Mit dem Barren in kreisenden Bewegungen über den nassen Körper streichen. Die Seite mit den Massagepartikeln massiert Ihre Haut angenehm.

Ergibt 40 ml	Schwierigkeit	7 Min.	5 Min.

Extra mildes Deo

10 g Kokosöl, 10 g Sheabutter, 15 g Bienenwachs (alternativ: Carnaubawachs), 5 Tropfen Vitamin-E-Öl, 8 Tropfen Lavendelöl, 4 Tropfen Teebaumöl, 3 Tropfen Salbeiöl

- Kokosöl, Sheabutter und Bienenwachs in den Mixtopf geben und **5 Min./50 °C/Stufe 1,5** erwärmen.
- Vitamin-E-Öl und die ätherischen Öle dazugeben und alles **5 Sek./Stufe 4** vermischen.
- Die Masse in einen Behälter Ihrer Wahl umfüllen und abkühlen lassen.
- Das Deo ist bis zu 3 Monate haltbar.

Tipp: Dieses extra milde Deo ist ideal für sensible Haut, da es ohne Backsoda auskommt.

Limetten-Salbei-Deo

Ergibt 85 ml | *8 Min.* | *6 Min.*

40 g Kokosöl, 5 g Bienenwachs (alternativ: Carnaubawachs), 20 g Backsoda, 20 g Tapiokamehl, je 10 Tropfen ätherisches Limetten- und Salbeiöl

- Kokosöl und Bienenwachs in den Mixtopf geben und **6 Min./65 °C/Stufe 1,5** erwärmen.
- Backsoda, Tapiokamehl und die ätherischen Öle dazugeben und alles **30 Sek./Stufe 4** vermischen.
- Den Mixtopfinhalt in einen Behälter Ihrer Wahl umfüllen.
- Das Deo ist bis zu 3 Monate haltbar.

Kokosöl-Deo

Ergibt 500 ml | *7 Min.* | *5 Min.*

220 g Kokosöl, 55 g Sheabutter, 220 g Backsoda, 30 Tropfen ätherische Öle Ihrer Wahl (siehe Tipp)

- Kokosöl und Sheabutter in den Mixtopf geben und **5 Min./50 °C/Stufe 1,5** erwärmen.
- Backsoda und ätherische Öle hinzufügen und alles **30 Sek./Stufe 4** vermischen.
- Die Mischung in entsprechende Behälter (z. B. Deo-Sticks) umfüllen.
- Das Deo ist bis zu 3 Monate haltbar.

Tipp: Dieses Deo ist für Frauen wie Männer gleichermaßen geeignet. Variieren Sie einfach die Duftnote der zugesetzten ätherischen Öle: Für eine weibliche Duftnote nehmen Sie 15 Tropfen Lemongrass und 15 Tropfen Purification, für eine männlich-herbe Duftnote nehmen Sie am besten 15 Tropfen Thieves und 15 Tropfen Idaho-Blaufichte.

Für ca. 10 Anwendungen | 6 Min. | 4 Min.

Bodypeeling Kokos-Limette

110 g Kokosöl, 220 g Meersalz, 20 Tropfen Limettenöl

- Das Kokosöl in den Mixtopf geben und **4 Min./40 °C/Stufe 1** erhitzen.
- Salz und Öl hinzufügen und alles **10 Sek./Linkslauf Stufe 4** vermischen.
- Die Mischung in einen Behälter Ihrer Wahl umfüllen.
- Das Peeling ist 2–4 Monate haltbar.

Anwendung: Das Peeling sanft in die Haut einmassieren und ca. 5 Minuten einwirken lassen. Anschließend nochmals einmassieren und dann vollständig abwaschen.

Tipp: Bitte beachten Sie, dass der Wannenboden rutschig werden kann, wenn Sie ein Peeling in der Badewanne oder der Dusche verwenden.

◂ *Bodypeeling Kokos-Limette*

Bodypeeling Ingwer-Zitrone

Für ca. 7 Anwendungen | 3 Min.

20 g Ingwer, 15 g Zitronensaft, 110 g Meersalz, 25 g Olivenöl

- Den Ingwer schälen und im Mixtopf **15 Sek./Stufe 10** zerkleinern.
- Das Salz hinzufügen und mit dem Ingwer **10 Sek./Stufe 8** mischen.
- Olivenöl und Zitronensaft in den Mixtopf geben und alles **15 Sek./Stufe 4** verrühren.
- Das Peeling ist 2–4 Monate haltbar.

Anwendung: Das Peeling sanft in die Haut einmassieren und ca. 5 Minuten einwirken lassen. Anschließend nochmals sanft einmassieren und dann vollständig abwaschen.

Ingwer-Handpeeling

Für 15–20 Anwendungen | 3 Min.

ca. 3 cm Ingwer, 200 g feines Meersalz, 20 g Olivenöl

- Die Ingwerwurzel schälen, in den Mixtopf geben und **10 Sek./Stufe 10** so fein zerkleinern, dass sie faserig wird.
- Diesen Schritt mehrmals wiederholen, bis feines Ingwermus entsteht, dabei den Ingwer immer wieder mit dem Spatel nach unten schieben.
- Meersalz und Olivenöl dazugeben und alles **10 Sek./Linkslauf Stufe 3–4** vermischen.
- Das Peeling ist 4–6 Monate haltbar.

Anwendung: Verreiben Sie 1 Teelöffel der Masse mit den Händen, bis das Salz trocken abfällt.

Tipp: Legen Sie bei der Anwendung am besten ein Küchentuch unter. Waschen Sie anschließend Ihre Hände und cremen Sie sie mit einem pflegenden Balsam ein. Bitte nicht bei offenen Wunden anwenden.

Für 4–5 Anwendungen | *7 Min. + ca. 1 Std. kühlen* | *4 Min.*

Kokos-Rasiercreme

75 g Kokosöl, 75 g Sheabutter, 50 g Oliven- oder Mandelöl, ca. 10 Tropfen ätherisches Rosmarinöl, 4–6 Tropfen ätherisches Pfefferminzöl

- Kokosöl und Sheabutter **4 Min./50 °C/Stufe 1** erwärmen.
- Oliven- oder Mandelöl dazugeben und **10 Sek./Stufe 3** vermischen.
- Die Mischung in einen Behälter umfüllen und im Kühlschrank so lange aufbewahren, bis die Masse fest geworden ist.
- Diesen »Butterblock« nun in Stücken in den Mixtopf geben und **1 Min./Stufe 5** aufschlagen, eventuell auch etwas länger, bis die gewünschte cremige Konsistenz erreicht ist. Die Rasiercreme in einen fest verschließbaren Tiegel füllen.
- Lichtgeschützt und kühl aufbewahrt, lässt sich die Rasiercreme bis zu 1 Woche lagern.

Tipp: Da die Kokos-Rasiercreme keine Seife enthält, bildet sie einen dünnen, angenehmen Film auf der Haut und schäumt nicht. Sie ist für Frauen und Männer gleichermaßen geeignet!

▸ *Ingwer-Handpeeling*

Meersalz-Fußpeeling

Für 5–10 Anwendungen | *7 Min.* | *4 Min.*

30 g Kokosöl, 110 g Meersalz, ein paar Tropfen Aprikosenkernöl

- Das Kokosöl in den Mixtopf geben und **4 Min./37 °C/Rührlöffelstufe** erwärmen. Etwas abkühlen lassen, damit sich das Salz anschließend nicht gleich auflöst.
- Das Meersalz dazugeben und alles **6 Sek./Linkslauf Stufe 4** vermischen.
- Ein paar Tropfen Aprikosenkernöl in den Mixtopf geben und alles noch einmal **10 Sek./Linkslauf Stufe 2** vermischen.

Anwendung: Reiben Sie Ihre Füße sanft mit dem Peeling ein und spülen Sie es nach kurzer Einwirkzeit mit handwarmem Wasser gründlich wieder ab. Verwöhnen Sie Ihre Füße anschließend mit einer pflegenden Fußpackung.

Variante: Wenn Sie Fußpeeling auf Vorrat machen möchten, können Sie das Meersalz-Peeling auch in einem Schraubdeckelglas 4–6 Monate lagern.

◂ *Kokos-Bananen-Fußpackung*

Für 1 Anwendung | *2 Min.*

Kokos-Bananen-Fußpackung

2 reife Bananen, 30 g Kokosöl

- Die geschälten Bananen und das Kokosöl in den Mixtopf geben und **20 Sek./Stufe 8** zu einer feinen Masse zerkleinern.

Anwendung: Die gereinigten Füße zunächst mit dem Meersalz-Fußpeeling einreiben. Die Füße gut abtrocknen und großzügig mit der Bananen-Kokos-Masse einreiben, dabei die Zehenzwischenräume nicht vergessen! Die Füße in ein warmes Handtuch einwickeln. Die Bananenpackung 15 bis 20 Minuten einwirken lassen, danach gründlich mit lauwarmem Wasser abspülen. Die Füße anschließend mit einer pflegenden Körperbutter (Seite 59) eincremen.

Tipp: Diese Fußpackung mit Banane ist sehr nährend und auch für sensible Haut geeignet. Banane spendet der oft trockenen Haut an den Füßen, vor allem an den Fersen, wohltuende Feuchtigkeit.

Hausmittel

Ihre Nase ist verstopft, Ihre Brust ist schwer, der Nacken verspannt? Bei vielen Beschwerden können Sie sich den Gang zur Apotheke ersparen. Rühren Sie sich Ihre Mittel einfach selbst an. Lästigem Husten beispielsweise können Sie mit einem Saft aus Ingwer, Apfel und Zitrone oder mit selbst gemachten Hustendrops zu Leibe rücken, und wenn der lange Tag im Büro zu Muskelverspannungen geführt hat, wirkt eine Chilisalbe an den betroffenen Stellen wie ein wohltuendes Wärmepflaster. Die heilenden Wirkstoffe von Pflanzen können wir zur inneren wie auch zur äußeren Anwendung nutzen. Von A wie Ananaswasser bis Z wie Zeckenschutz: Bei den vorliegenden Rezepten können Sie in jedem Fall sicher sein, dass Sie Ihre Beschwerden nur mit hochwertigen Naturprodukten ohne chemische Zusatzstoffe lindern. Doch achten Sie bitte darauf, dass Produkte, die Bienenhonig enthalten, für Babys im ersten Lebensjahr nicht geeignet sind, da in Honig gelegentlich Bakteriensporen zu finden sind, die schädlich für Babys sein können.

Ergibt ca. 300 ml | *3 Min.*

Ingwer-Apfel-Hustensaft

1 Bio-Apfel, 1 daumengroßes Stück Ingwer (ca. 2 cm lang), 1 Bio-Zitrone, Saft von 5–6 Bio-Zitronen

- Den Apfel entkernen und vierteln, den Ingwer schälen, die Zitrone waschen und vierteln.
- Apfel, Ingwer, Zitronenviertel und -saft in den Mixtopf geben und alles **30 Sek./Stufe 8–10** pürieren.
- Den Mixtopfinhalt durch ein Sieb geben und in einen Behälter Ihrer Wahl füllen. Genießen Sie diesen Saft nach Bedarf!
- Gekühlt ist der Hustensaft 4–6 Wochen haltbar.

Anwendung: Kinder von 2 bis 3 Jahren können dreimal täglich 1 Teelöffel zu sich nehmen, Kinder ab 3 Jahren, Jugendliche und Erwachsene nehmen dreimal täglich 2 Teelöffel ein.

Salbei-Thymian-Hustensaft

Ergibt ca. 320 ml | *9 Min. + 1 Std. ziehen lassen* | *7 Min.*

1 Zwiebel, 5 g Thymian (frisch oder getrocknet), 5 g Salbei (frisch oder getrocknet), 250 g Wasser, 50 g Honig

- Die Zwiebel schälen und vierteln.
- Thymian, Salbei, und Zwiebelviertel in den Mixtopf geben und **3 Sek./Stufe 6** zerkleinern.
- Wasser und Honig dazugeben und alles **7 Min./65 °C/Stufe 1** erhitzen.
- Den Saft umfüllen und mindestens eine Stunde ziehen lassen.
- Die Flüssigkeit filtern und in einen Behälter Ihrer Wahl umfüllen.
- Gekühlt ist der Hustensaft 4–6 Wochen haltbar.

Anwendung: Kinder von 2 bis 3 Jahren können dreimal täglich 1 Teelöffel zu sich nehmen. Kinder ab 3 Jahren, Jugendliche und Erwachsene nehmen dreimal täglich 2 Teelöffel zu sich.

▸ *Salbei-Thymian-Hustensaft*

Husten-
saft

Ergibt ca. 550 ml		*17 Min.*	*10 Min.*

Erkältungs-Zaubertrank

55 g Ingwer, 2 Bio-Zitronen, 220 g Wasser, 220 g Honig

- Den Ingwer schälen, in mittelgroße Stücke schneiden und im Mixtopf **4 Sek./Stufe 5** zerkleinern.
- Die Zitronen gründlich waschen und die Schale mit einer Küchenreibe abreiben. Beide Zitronen auspressen und den Saft auffangen.
- Das Wasser in den Mixtopf gießen, Ingwer und geriebene Zitronenschale dazugeben.
- Den Mixtopfinhalt **4 Min./100 °C/Linkslauf Stufe 1** erhitzen, anschließend **5 Min./50 °C/Linkslauf Stufe 1** weiter köcheln lassen.
- Mixtopfinhalt durch ein Sieb geben und beiseite stellen.
- Den Mixtopf ausspülen.
- Den Honig in den Mixtopf geben und **3 Min./40 °C/Stufe 1** erwärmen.

- Die Ingwerlösung und den Zitronensaft dazugeben, alles **10 Sek./Stufe 3** miteinander mischen und nochmals **3 Min./40 °C/Stufe 2** verrühren.
- Den Hustensaft in ein Schraubdeckelglas geben, abkühlen lassen.
- Luftdicht verschlossen und kühl gelagert ist der Hustensaft 4–6 Wochen haltbar.

Anwendung: Kinder von 1 bis 5 Jahren können alle 2 Stunden ½–1 Teelöffel Hustensaft einnehmen. Den Saft langsam im Mund zergehen lassen. Kinder von 5 bis 12 Jahren können alle 2 Stunden ½–1½ Teelöffel einnehmen, Erwachsene alle 4 Stunden ½–1 Esslöffel.

Eukalyptus-Erkältungssalbe für Erwachsene

Ergibt 140 ml		8 Min.	6 Min.

110 g Kokosöl, 20 g Bienenwachs (alternativ: Carnaubawachs), 5 Tropfen Eukalyptusöl, 5 Tropfen Pfefferminzöl, 2–3 Tropfen Rosmarinöl, 2–3 Tropfen Lavendelöl

- Kokosöl und Bienenwachs bzw. Carnaubawachs in den Mixtopf geben und **6 Min./65 °C/Stufe 1,5** erwärmen.
- Die Mischung etwas abkühlen lassen, so dass alles noch flüssig bleibt.
- Die ätherischen Öle dazugeben und alles **10 Sek./Stufe 3** miteinander mischen.
- Die Erkältungssalbe in einen verschließbaren Behälter füllen.
- Die Salbe ist bis zu 6 Monate haltbar.

Anwendung: Die Erkältungssalbe auf Brust und Hals auftragen. Bitte nicht im Nasenbereich verwenden! Die Salbe lindert erkältungsbedingte Hustenbeschwerden.

Hustendrops

Ergibt 220 g Drops		3 Min. + 20 Min. Gefrierzeit

110 g Kokosöl, 110 g Honig, 5 g Zimt (optional)

- Kokosöl, Honig und Zimt in den Mixtopf geben und alles **1 Min./Stufe 3** mischen, bis es eine geschmeidige Masse ist.
- Die Mischung in kleine Eiswürfelbehälter umfüllen, die Behälter jeweils nur bis zur Hälfte füllen. Mindestens 20 Minuten einfrieren.
- Die fest gewordenen Hustendrops in einen verschließbaren Behälter Ihrer Wahl umfüllen.
- Im Kühlschrank gelagert sind die Hustendrops 4–6 Wochen haltbar.

Anwendung: Kinder von 2 bis 3 Jahren können dreimal täglich ½ Hustenbonbon lutschen (je nach Größe der Eiswürfelbehälter). Kinder ab 3 Jahren, Jugendliche und Erwachse nehmen dreimal täglich 1 Hustenbonbon zu sich.

Tipp: Hustendrops sind bei starker Erkältung einfach ideal, denn sie sind einfacher einzunehmen als Hustensaft. Mein Vorschlag: einfach im Bett bleiben und Bonbons lutschen …

Ingwer-Zitronen-Juice

1 Glas à 150 ml | 3 Min.

110 g Wasser (heiß oder kalt), ¼ TL Himalaya-Salz, ¼ TL Cayennepfeffer, ½ TL frischer, geriebener Ingwer, 25 g Zitronensaft, 10 g Honig, ¼ TL Ginseng-Pulver

- Sämtliche Zutaten in den Mixtopf geben und **10 Sek./Stufe 6** verrühren.
- Den Saft in ein Glas oder einen Becher füllen und trinken.

Tipp: Bei Schnupfen, Heiserkeit und Husten wirkt Ingwer-Zitronen-Saft wahre Wunder: Die Würze und die Hitze wirken schleimlösend, der Honig ummantelt schützend Ihre Kehle und die übrigen Zutaten stärken Ihr Immunsystem. Für Kleinkinder ist der Saft jedoch nicht geeignet, zum einen wegen seiner Schärfe, zum anderen, weil Kinder unter einem Jahr noch keinen Honig zu sich nehmen sollten.

◂ *Ananaswasser gegen Cellulite*

Ergibt 1,5 l | 10 Min. + 8 Std. ziehen lassen

Ananaswasser gegen Cellulite

½ Ananas, 1000 g Wasser

- Die Ananas schälen, in Scheiben schneiden und den harten Strunk in der Mitte entfernen. Fruchtfleisch würfeln und in den Mixtopf geben.
- Das Wasser hinzufügen und alles **1 Min./Stufe 10** zerkleinern. Das Ananaswasser umfüllen und über Nacht ziehen lassen.
- Ananaswasser ist im Kühlschrank 3 Tage haltbar.

Anwendung: Das erste Glas morgens auf nüchternen Magen trinken, täglich 2 bis maximal 8 Gläser. Als Kur angewandt, wiederholen Sie das 15 Tage lang. Legen Sie anschließend eine einwöchige Pause ein und wiederholen Sie dann die Behandlung.

Tipp: Ananaswasser gilt als das neue Wundermittel gegen Cellulite. Es kurbelt die Fettverbrennung an und hilft überschüssiges Wasser abzubauen: Das Enzym Bromelain bewirkt, dass sich Wassereinlagerungen im Gewebe zurückbilden können. Die Frucht liefert zudem viele Mineralstoffe, Ballaststoffe und Vitamine, vor allem Vitamin C.

Ergibt 110 ml		17 Min.	15 Min.

Chilisalbe gegen Verspannungen

3 g frische Chilischoten, 100 g Kokosöl

- Die gewaschenen Chilischoten in Stücke schneiden, in den Mixtopf geben und **5 Sek./Stufe 5** zerkleinern.
- Die Chilistückchen umfüllen.
- Das Kokosöl in den Mixtopf geben und **5 Min./37 °C/Stufe 1** erwärmen.
- Die Chilistückchen hinzufügen und die Mischung **10 Min./37 °C/Linkslauf/Rührlöffelstufe** ziehen lassen.
- Das Öl durch eine Filtertüte (oder ein sauberes Küchenhandtuch) in ein verschließbares Glas füllen.
- Das Öl abkühlen und fest werden lassen.
- Gekühlt ist die Salbe 3–4 Wochen haltbar.

Anwendung: Die Salbe dünn auf die verspannten Stellen auftragen.

Tipp: Diese Salbe wirkt wahre Wunder bei Verspannungen. Wenn Sie eine Überempfindlichkeit gegen Paprika-Zubereitungen haben, sollten Sie sie jedoch nicht anwenden. Waschen Sie nach dem Herstellen der Salbe gründlich die Hände – das in den Chilischoten enthaltene Capsaicin kann unverdünnt Haut- und Schleimhautreizungen verursachen.
Achten Sie außerdem darauf, dass Sie die Salbe niemals öfter als zwei Mal an derselben Stelle auftragen. Halten Sie danach eine Pause von mindestens zwei Wochen ein, sonst könnten sensible Nerven der Haut und des Muskels geschädigt werden.

► *Chilisalbe gegen Verspannungen*

Immunstärkendes Magnesiumöl

Ergibt 750 ml		7 Min.	5 Min.

500 g Magnesium Chloride Flakes,
250 g Wasser

- Das Wasser in den Mixtopf geben und **5 Min./95 °C/Stufe 1** erhitzen.
- Die Magnesium Flakes hinzufügen und **10 Sek./Linkslauf Stufe 1** mit dem Wasser mischen.
- Das Magnesiumöl in einen luftdichten Behälter Ihrer Wahl umfüllen und täglich oder nach Bedarf anwenden.
- Das Öl ist 4–6 Monate haltbar.

Anwendung: Die ölige Flüssigkeit sanft einmassieren und mindestens 30 Minuten bzw. über Nacht einwirken lassen. Die optimale Aufnahmefähigkeit der Haut für das Öl erreichen Sie, wenn Sie vor der Anwendung eine heiße Dusche nehmen.

Tipp: Mit der Anwendung von Magnesiumöl können Sie einen ernährungsbedingten Magnesiummangel beheben. Das Öl stärkt außerdem Ihr Immunsystem, sorgt für eine Verbesserung der Muskel- und Nervenfunktion und bewahrt Ihre Zellen vor oxidativen Schäden.
Bei der ersten Anwendung kann es zu einem Wärmegefühl oder einem leichten Kribbeln auf der Haut kommen. Dies sind beides Symptome dafür, dass das Magnesium von Ihrem Körper aufgenommen wird. Verdünnen Sie in diesem Fall das Magnesiumöl zur Hälfte mit Wasser und tragen Sie das Öl dann entsprechend großzügiger auf.

Ergibt 280 ml		7 Min.	6 Min.

Zimt-Mundwasser

220 g Wasser, Saft von 2 Zitronen, 15 g Honig, 5 g Zimt

- Das Wasser im Mixtopf **5 Min./50 °C/Stufe 1** erwärmen.
- Die restlichen Zutaten in den Mixtopf geben und **30 Sek./Stufe 4** miteinander mischen.
- Die Flüssigkeit in einen verschließbaren Behälter füllen.
- Im Kühlschrank gelagert ist das Mundwasser bis zu 3 Monate haltbar.

Anwendung: Nach jeder Mahlzeit mit 1–2 Esslöffeln der Mixtur gurgeln. So ist Ihr Atem sofort wieder frisch und riecht angenehm nach Zitrone und Zimt.

Tipp: In diesem natürlichen Mundwasser wirken Zimt und Honig den geruchsverursachenden Bakterien im Mundraum entgegen. Die Zitrone sorgt zusätzlich für frischen Atem.
Zimt-Mundwasser ist eine sehr gesunde und vor allem preisgünstige Alternative zu den herkömmlichen Mundwasservarianten mit vielen chemischen Zusätzen.

DIY-Insektenschutz

Ergibt 650 ml		7 Min. + 3 Wochen ziehen lassen

325 g Apfelessig, je 5 g getrocknete Kräuter (Rosmarin, Salbei, Minze, Lavendel, Thymian), 2 Nelken, ½ Zimtstange, Schale von 1 Bio-Zitrone, 325 g abgekochtes Wasser
Außerdem: 1 großes Glas, 1 Sprühflasche

- Sämtliche Zutaten bis auf das Wasser in den Mixtopf geben und **15 Sek./Linkslauf Stufe 3** vermischen.
- Die Essigmischung in ein großes verschließbares Glas füllen und 3 Wochen durchziehen lassen.
- Die Flüssigkeit durch ein Küchentuch gießen.
- Die abgesiebte Flüssigkeit mit dem abgekochten Wasser verdünnt in eine Sprühflasche geben.
- Gekühlt ist der Insektenschutz 4–6 Monate haltbar.

Anwendung: Auf die unbedeckten Körperstellen sprühen. Keine Sorge, der Essiggeruch verflüchtigt sich recht schnell nach dem Auftragen!

Tipp: Herkömmlicher Insektenschutz ist teuer, geruchsintensiv und vor allem extrem toxisch. Wenn Sie im Sommer nicht gern von Mücken umschwärmt werden, ist dieses Rezept genau das richtige: Selbst gemachter Insektenschutz, der Sie zuverlässig vor Zecken- und Mückenstichen bewahrt!

Babypflege

Liebevolle Zuwendung ist das Wichtigste, was Sie Ihrem Baby geben können. Dazu gehört natürlich auch die Körperpflege, denn die zarte Haut von Babys und Säuglingen hat ganz spezielle Bedürfnisse – schließlich verfügt sie noch nicht ausreichend über eigene Schutzmechanismen. Bei Babypflegeprodukten sollten Sie daher besonders darauf achten, dass die Inhaltstoffe ohne synthetische Zusatzstoffe sind. Am besten, Sie stellen die Produkte selbst her, dann wissen Sie genau, was in ihnen steckt: ausschließlich hochwertige, naturbelassene Pflanzenöle und keine oder nur sparsam dosierte natürliche Aromastoffe. Um ein Allergierisiko auszuschließen, testen Sie die selbst gemachten Salben und Öle vorsichtshalber immer erst auf einer kleinen Fläche des Arms. Ob Sie Ihr Baby mit einem Pflegeöl sanft massieren oder ihm Linderung verschaffen, wenn es zahnt oder das Bäuchlein zwickt – mit selbst gerührter Pflege aus dem Thermomix sind Sie immer auf der sicheren Seite. Genießen Sie die gemeinsame Zeit!

Ergibt 250 ml		37 Min.	35 Min.

Calendula-Massageöl

220 g Mandel- oder Kokosöl, 10 g Kamillenblüten, 10 g getrocknete Calendulablüten, 10 g getrocknete Rosenblüten

- Das Öl in den Mixtopf geben und **5 Min./40 °C/ Stufe 1** erwärmen.
- Die Blüten in den Mixtopf wiegen und die Blüten-Öl-Mischung **30 Min./40 °C/Linkslauf/Rührlöffelstufe** ziehen lassen.
- Das Öl durch ein Geschirrtuch sieben und in eine Flasche abfüllen.
- Das Babyöl ist bis zu 12 Monate haltbar.

Anwendung: Das Öl auf ca. 30 °C erwärmen oder zwischen den warmen Handflächen verreiben und sanft in die Babyhaut einmassieren.

Tipp: Dieses pflegende Massageöl kann auch sehr gut als Badezusatz für die empfindliche Babyhaut genutzt werden. Einfach 1–2 Esslöffel ins warme Badewasser geben.

◂ *Calendula-Massageöl*

Fenchel-Anis-Öl fürs Bäuchlein

Für 10–12 Anwendungen		27 Min.	25 Min.

220 g Oliven- oder Mandelöl, 1 EL bzw. 1 Beutel Fenchel-Anis-Kümmel-Tee (optional mischen Sie sich diese Kräuter selbst zusammen)

- Das Öl in den Mixtopf geben und **5 Min./40 °C/ Stufe 1** erwärmen.
- Den Inhalt des Teebeutels oder Ihre Kräutermischung in den Mixtopf geben und die Mischung weitere **20 Min./40 °C/Linkslauf/Rührlöffelstufe** ziehen lassen.
- Das Öl durch ein Küchentuch sieben und in eine Flasche abfüllen.
- Das Babyöl ist bis zu 12 Monate haltbar.

Anwendung: Ein paar Tropfen Öl auf den Bauch Ihres Babys geben und mit kreisförmigen Bewegungen im Uhrzeigersinn sanft einmassieren.

Tipp: Wenn es im Babybauch mal wieder rumpelt und pumpelt, dann ist dieses Massageöl mit Fenchel und Anis wunderbar wohltuend und krampflösend.

Für 12–14 Anwendungen	👑	7 Min.	5 Min.

Wundsalbe mit Johanniskrautöl

50 g Johanniskrautöl, 5 g Bienenwachs (alternativ: Carnaubawachs), 15 g Sheabutter, 5 g Honig

- Das Johanniskrautöl und das Bienenwachs bzw. Carnaubawachs in den Mixtopf einwiegen und **5 Min/65 °C/Stufe 1** erhitzen.
- Sheabutter und Honig dazugeben und alles **10 Sek./Stufe 4** verrühren.
- Die Ölmischung in einen gut gereinigten Behälter Ihrer Wahl umfüllen und abkühlen lassen.
- Die Wundsalbe ist ca. 6 Monate haltbar.

Anwendung: Die Salbe sanft auf die betroffenen Hautstellen auftragen.

Tipp: Diese Salbe ist ideal für die Pflege von gereizter Babyhaut, z. B. im Windelbereich. Sie fördert die Hautregeneration und wirkt schmerzlindernd. Eine Salbe, die auch sehr gut für angegriffene Haut bei größeren Kindern und Erwachsenen verwendet werden kann!

Baby-Zahnungsöl

Für 15–20 Anwendungen	👑	37 Min.	35 Min.

40 g Kokosöl, 5 g getrocknete Lavendelblüten, 5 g getrocknete Kamillenblüten, 1 Tropfen ätherisches Nelkenöl,

- Das Kokosöl in den Mixtopf geben und **5 Min./37 °C/Stufe 1** erwärmen.
- Die Blüten in den Mixtopf einwiegen und die Mischung weitere **30 Min./37 °C/Linkslauf/Rührlöffelstufe** ziehen lassen.
- Die Mischung durch ein Küchentuch sieben, das Nelkenöl dazugeben und das Zahnungsöl in einen Behälter Ihrer Wahl abfüllen.
- Das Öl ist bis zu 12 Monaten haltbar.

Anwendung: Geben Sie bei Zahnungsschmerzen Ihres Babys einfach einen Tropfen Öl auf die betroffene Stelle und massieren Sie das Öl mit einem sauberen Finger leicht ein.

▸ *Baby-Zahnungsöl*

Für 6–8 Anwendungen | *3 Min.*

Beruhigendes Baby-Massageöl

50 g Mandelöl, 10 g Jojobalöl

- Beide Zutaten in den Mixtopf einwiegen und **10 Sek./Stufe 4** vermischen.
- Die Ölmischung in einen gereinigten, verschließbaren Behälter umfüllen.
- Das Massageöl ist etwa 6 Monate haltbar.

Anwendung: Das Öl auf ca. 30 °C erwärmen oder zwischen den warmen Handflächen verreiben und sanft in die Babyhaut einmassieren.

Tipp: Bitte achten Sie darauf, dass bei der Babymassage auch die Umgebungstemperatur angenehm warm ist.

Baby-Massageöl gegen trockene Haut

Für 6–8 Anwendungen | *3 Min.*

20 g Olivenöl, 50 g Sesamöl

- Die beiden Öle in den Mixtopf einwiegen und **10 Sek./Stufe 4** miteinander mischen.
- Die Ölmischung in einen gereinigten Behälter Ihrer Wahl umfüllen.
- Das Massageöl ist etwa 4 Monate haltbar.

Anwendung: Das Öl auf ca. 30 °C erwärmen oder zwischen den warmen Handflächen verreiben und sanft in die Babyhaut einmassieren.

Tipp: Bitte achten Sie bei der Massage Ihres Babys darauf, dass die Umgebungstemperatur angenehm warm ist.

Für 4–6 Anwendungen | *2 Min.*

Baby-Massageöl bei Bauchschmerzen

20 g Sesamöl, 10 g Jojobalöl, 3–4 Tropfen ätherisches Kümmelöl

- Alle Zutaten in den Mixtopf einwiegen und **10 Sek./Stufe 4** vermischen.
- Das Massageöl in einen gereinigten, verschließbaren Behälter Ihrer Wahl umfüllen.
- Das Öl ist etwa 4 Monate haltbar.

Anwendung: Das Öl auf ca. 30 °C erwärmen oder zwischen den warmen Handflächen verreiben und das Bäuchlein Ihres Babys sanft im Uhrzeigersinn kreisend massieren.

Tipp: Das ätherische Kümmelöl wirkt auf Babys Bauch entspannend und krampflösend und lindert Blähungen. Bitte achten Sie bei der Massage Ihres Babys darauf, dass die Umgebungstemperatur angenehm warm ist.

Erkältungsbalsam mit Thymian

Für 8–10 Anwendungen | *7 Min.* | *6 Min.*

50 g Mandel- oder Olivenöl, 5 g Kakaobutter, 5 g Bienenwachs (alternativ: Carnaubawachs), 10–20 Tropfen naturreines Thymianöl

- Sämtliche Zutaten in den Mixtopf geben und **6 Min./65 °C/Stufe 1** erhitzen.
- Den Balsam in einen sauberen, verschließbaren Behälter füllen und diesen verschließen, nachdem die Salbe abgekühlt ist.
- Kühl gelagert ist die Salbe bis zu 12 Monaten haltbar.

Anwendung: Reiben Sie bei einer Erkältung Brust und Rücken Ihres Babys sanft mit diesem Balsam ein. Die Wirkstoffe des Thymianöls sorgen dafür, dass Ihr Baby wieder leichter atmen kann.

Tipp: Achten Sie bei der Zubereitung der Salbe darauf, dass Sie ein mildes Thymianöl verwenden. Hochkonzentriertes Thymianöl ist für Schwangere und vor allem Kinder und Kleinkinder nicht geeignet.

Für 10–12 Anwendungen	*8 Min. + 3 Std. ziehen lassen*	*4 Min.*

Kokos-Erkältungssalbe für Kinder

110 g Kokosöl, 5 g getrocknete Pfefferminzblätter, 5 g getrocknete Eukalyptusblätter, 5 Tropfen ätherisches Öl (z. B. Lavendel-, Weihrauch- oder Kamillenöl)

- Das Kokosöl im Mixtopf **4 Min./37 °C/Stufe 1,5** erwärmen.
- Die Blätter in den Mixtopf geben, alles **10 Sek./ Linkslauf Stufe 3** vermischen.
- Den Mixtopfinhalt 3 Stunden ziehen lassen.
- Anschließend die Kräuter entnehmen. Sollte die Mischung etwas zu fest sein, alles noch einmal **3 Minuten/37 °C/Linkslauf Stufe 1,5** erwärmen.
- Die ätherischen Öle hinzufügen und alles **10 Sek./ Stufe 3** miteinander mischen.
- Die Erkältungssalbe in einen verschließbaren Behälter füllen.
- Die Salbe ist etwa 4 Wochen haltbar.

Anwendung: Die Erkältungssalbe bei Hustenbeschwerden auf Brust und Hals Ihres Babys auftragen. Bitte die Salbe nicht unter die Nase reiben.

◂ *Kokos-Erkältungssalbe für Kinder*

Erkältungsmassageöl

Für 6–8 Anwendungen	*2 Min.*

20 g Sesamöl, 20 g Mandelöl, 2 Tropfen ätherisches Anisöl, 2 Tropfen ätherisches Kamillenöl

- Beide Öle in den Mixtopf einwiegen, Anis- und Kamillenöl dazugeben und alles **10 Sek./Stufe 4** vermischen.
- Das Massageöl in einen verschließbaren, gereinigten Behälter Ihrer Wahl umfüllen.
- Das Öl ist etwa 4 Monate haltbar.

Anwendung: Das Öl auf ca. 30 °C erwärmen oder zwischen den warmen Handflächen verreiben und sanft in die Babyhaut einmassieren.

Tipp: Das ätherische Anisöl wirkt bei einer Erkältung Ihres Babys schleimlösend und entspannend. Auch Blähungen und Bauchkrämpfe werden durch Anisöl gelindert. Bitte achten Sie bei der Massage Ihres Babys darauf, dass die Umgebungstemperatur angenehm warm ist.

REZEPTVERZEICHNIS

Bibliografische Information der Deutschen Nationalbibliothek
Die Deutsche Nationalbibliothek verzeichnet diese Publikation in der Deutschen Nationalbibliografie; detaillierte bibliografische Daten sind im Internet über http://dnb.d-nb.de abrufbar.

Programmplanung: Uta Spieldiener
Redaktion: Annette Barth, Hamburg
Bildredaktion: Christoph Frick, Nadja Giesbrecht

Layoutkonzeption: Gramisci Editorialdesign, München

Bildnachweis:
Umschlagfoto, alle Rezeptfotos und Styling:
Meike Bergmann, Berlin;
Fotos im Innenteil: S. 6 (oben links): Peter Gehlmann;
S. 11 (links und oben), S. 15: Anke Schütz, Buxtehude

Es wird klargestellt, dass der Verlag keine rechtsgeschäftliche Beziehung zu der Firma Vorwerk unterhält.

1. Auflage 2017

Printed in Germany

Satz und Repro: Fotosatz Buck, Kumhausen
gesetzt in: Adobe InDesign, CS6
Druck: AZ Druck und Datentechnik GmbH, Kempten

Gedruckt auf chlorfrei gebleichtem Papier

ISBN 978-3-432-10423-2 1 2 3 4 5 6

Auch erhältlich als E-Book:
eISBN (ePub) 978-3-432-10425-6

Wichtiger Hinweis: Wie jede Wissenschaft ist die Medizin ständigen Entwicklungen unterworfen. Forschung und klinische Erfahrung erweitern unsere Erkenntnisse. Ganz besonders gilt das für die Behandlung und die medikamentöse Therapie. Bei allen in diesem Werk erwähnten Dosierungen oder Applikationen, bei Rezepten und Übungsanleitungen, bei Empfehlungen und Tipps dürfen Sie darauf vertrauen: Autoren, Herausgeber und Verlag haben große Sorgfalt darauf verwandt, dass diese Angaben dem Wissensstand bei Fertigstellung des Werkes entsprechen. Rezepte werden gekocht und ausprobiert. Übungen und Übungsreihen haben sich in der Praxis erfolgreich bewährt.

Eine Garantie kann jedoch nicht übernommen werden. Eine Haftung des Autors, des Verlags oder seiner Beauftragten für Personen-, Sach- oder Vermögensschäden ist ausgeschlossen.

Für
Dich
Für
Dich
für

von
für
von
für
von